THE 男前燻製 レシピ77

岡野永佑 著

OTOKOMAE
SMOKE COOKING RECIPES
by BASE CAMP A-suke

山と溪谷社

Smoky Journey

はじめに

燻製づくりをはじめたのはなんでだったろう。昔からベーコンやハムなどの加工肉が好きだったからかな。

当時の本はどれも、ものすごく気の長いレシピばかりで参ったのを覚えている。ぼくが昔に読んだ、ものすごい時間をかけて仕込むレシピは、おそらく冷蔵庫のない時代にできた高い保存性をもった燻製のレシピをアレンジしてできたものなんじゃないかと推測する。それは、もっともっと遠い昔の原始の時代に、肉を干すと腐敗しないってことに気がついたころからはじまったはず。夜だったり雨の日の洞窟の中だったり、と、だんだん焚き火の熱を利用して乾燥するようになったんだ。「あれ？天日干しよりなんだかおいしいな」って気がつくのにはあまり時間がかからなかったんじゃないか……。焚き火のそばでじっくりと、やわらかい温度でたんぱく質が変質して、おいしい煙の香りを身にまとう。古代のベーコンは、それはそれはおいしかったはずだ。

その方法が長い歳月をかけて、ぼくが昔読んだレシピになっていったんじゃないかと思う。それでも時間がか

かりすぎる、と、今回ぼくがドンドンと削っていって、この本に書いてあるレシピは潔いほどシンプルになった。

少し大げさにいえば古代の人からのつながりで、この「男前レシピ」がある。現代ではお肉を冷蔵庫に入れないで保存することはないし、流通も整っているから、生でも食べられるフレッシュな魚も手に入る。現代の燻製に高い保存性は必ずしも必要じゃない。「おいしいもの」として燻製をとらえ、「つくってみる」のハードルをトコトン下げたレシピにしたつもりだ。味つけも至極シンプルにした。だからこそ、この男前レシピから燻製をはじめて、あなたの手でまたレシピを複雑化してみるのもおもしろいと思う。ぼくからあなたに、そしてさらに次の人へとつながっていったら。

岡野永佑

目次

CONTENTS of
OTOKOMAE SMOKE COOKING RECIPES
by BASE CAMP A-suke

男前燻製のルール

◉男前度について
男前度の星の数は、難易度（おもに手順の多さ）を示しています。

◉調理について
おもに「コンパクトスモーカー（スノーピーク）」を使った場合のレシピを記載していますが、スモーカー、コンロのタイプによってふたの開閉、火かげん、燻す時間は異なるため様子を見ながら行ってください。

◉計量
1カップ＝200㎖、大さじ1＝15㎖、小さじ1＝5㎖です。

◉調味料
特に記載がない場合、塩は自然塩、こしょうは粗びき黒こしょうを使用しています。

◉食材
素材の味も楽しみたいので、加工品は味のよいもの、肉、魚は新鮮なものを用意しましょう。

◉保存性
古くからある保存食としてのレシピではないので、保存性は一般の料理と同様です。

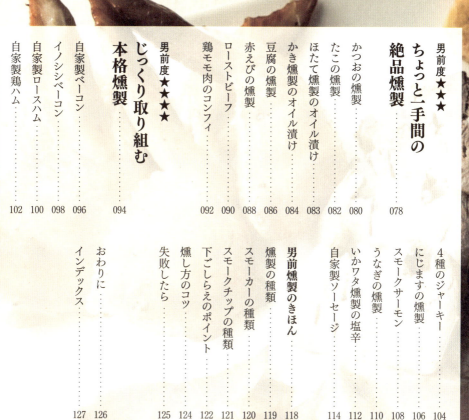

男前燻製の定義

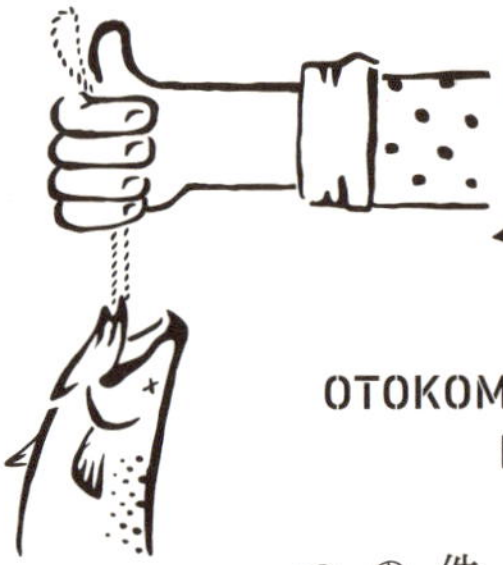

This is the
OTOKOMAE SMOKE COOKING RECIPES
by BASE CAMP A-suke

難しそうにも感じる燻製だけど、その仕組みはとっても簡単。味をつけて（ときにはつけなくても）、ただ燻すだけで、ふだんとは違ったおいしさになる、日常の料理にも取り入れてほしい調理法だ。

本書のレシピは「男前燻製」。潔く無駄を省いてシンプルに。煙の香りを生かすために余計な味つけ・香りづけはせず、「これが煙の力か！」と感じられるのが男前！

材料、スモーカーやコンロ、気候などの条件によって仕上がりが変わる燻製だから、このレシピを基本に、自分なりの男前レシピをつくりだしてみよう。

男前流コツとポイント

とにかく"よくふく"

時間をおいて乾かす工程のない食材でもふいてから燻すことが大事。

チップはなんでもいい！

食材ごとに合うチップはあるが、マズくなるチップは、ほぼないといっていい。

火かげんのイメージ

温燻、熱燻をするときの火かげんは、5段階で表すと図のようなイメージ。

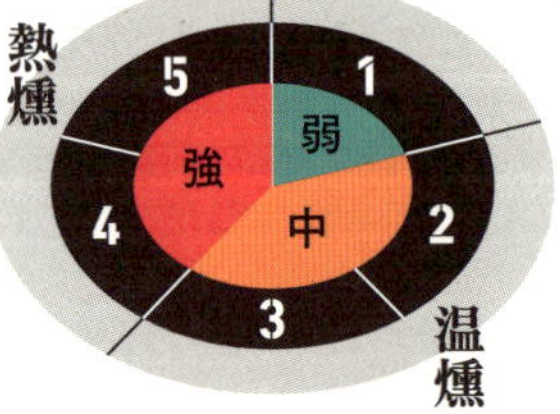

味つけ SEASONING

塩、こしょうのほか、漬け汁やたれに漬けるのが燻製のおもな味つけ。加工品の燻製なら下ごしらえは不要。味をつけて長めに時間をおくときは冷蔵庫へ。保存袋はできるだけ空気を抜いて口を閉じ、容器に入れたときは、ふたかラップをしよう。

男前度 ★

そのまま食べられる加工品を使えば、下ごしらえは不要

男前度 ★★

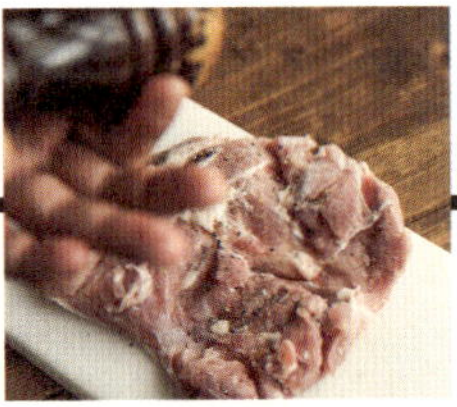

男前度 ★★★

男前度 ★★★★

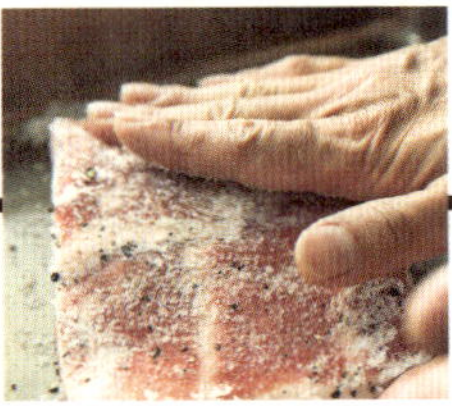

塩抜き RINSING

漬けこんだあとに塩味を抜くために時間をかけて塩抜きをするレシピもあるが、男前燻製にはほぼ不要。する場合でも、多めまぶした表面の塩、こしょうや、残ったたれを洗い流すだけで十分。水洗いしたあとは、しっかり水けを取り除こう。

長時間漬けこむレシピはないので
時間をかける塩抜きは不要。

乾かす DRYING

水けが残ったまま燻すと、仕上がりが水っぽく、イヤなえぐみも出てしまう。まずはキッチンペーパーでふく。しっかり乾燥させたいときは網にのせてラップをせずに冷蔵庫へ。気温的に傷む心配がなければ、キッチンや屋外で干してもいい。

キッチンペーパーでふく、
少し時間をおくだけで十分。

燻す SMOKING

香りをつけるだけ、表面だけ火をとおしたい、中まで火をしっかりとおしたい、と目的によって燻す時間や火かげんが変わる。材料の大きさ、スモーカーやコンロのタイプによっても異なるので、まずは燻す時間を短く刻んで、様子を見ながら行おう。

仕上げ FINISHING

燻したあとに、フライパンで焼いたり、オイルに漬けたり、オイル煮にするレシピもある。それら仕上げのほか、熱々がおすすめ、冷やしておいしいレシピ以外は、熱がとれてから食べたほうが香りがなじんでおいしい。（レシピページ参照）。

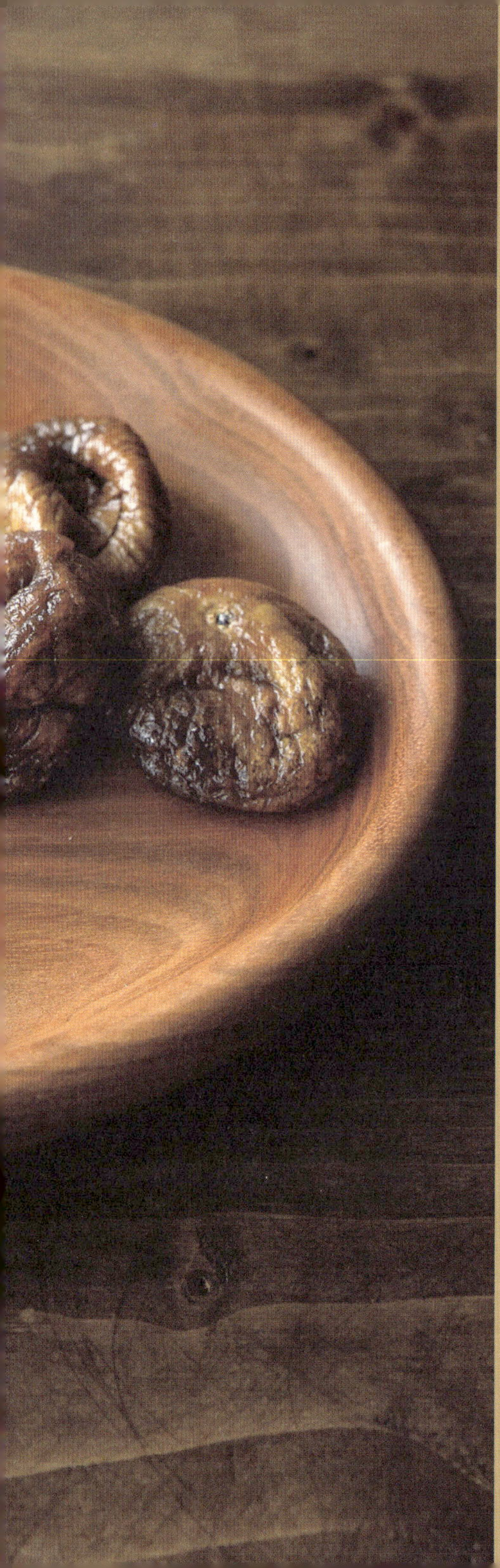

男前度★

OTKM 1

加工品を使う一番、簡単な燻製

まずチャレンジしてほしいのが、
封を開ければそのまま食べられる加工品を燻す燻製。
味つけをしなくてもいいし、火のとおり具合を
心配することもない。
そのまま食べてもおいしい食材が、
煙の香りをまとわせることで、もっとおいしくなる。
燻製の楽しさ、おいしさを知るのに、
一番、簡単で手軽な方法だ。このおいしさを体験したら、
もっと燻製の世界を知りたくなるはず。

OTOKOMAE
SMOKE COOKING RECIPES
by BASE CAMP A-suke

スナック燻製の盛り合わせ

→つくり方は p.010

燻す

煙の力に気づかされる、驚きのウマさ

スナック燻製の盛り合わせ

【材料】

ミックスナッツ、ドライいちじく、レーズン、バナナチップス……好きなだけ

【つくり方】

①アルミ箔で皿をつくりスナックを適量ずつ並べる。
②スモーカーの底にスモークチップを入れる。
③スモーカーの網にスナックをのせる。
燻 ④セットしたスモーカーを強火にかけ、煙が出たらふたをして火を弱める。
⑤煙と水蒸気を逃すため、ふたは少しずらしておく。
⑥中火で約10分燻す。

《下ごしらえ時間》
0分

《燻製時間》
5～10分

《燻製の種類》
温燻

《おすすめのチップ》
・サクラ
・ヒッコリー
・クルミ
・ナラ

《メモ》
・保存容器に入れてストックすれば、いつでも食べられる。
・燻したての温かいものを食べるのもおいしい。

①均等に燻すため、なるべく重ならないように並べる。

②1回分のチップの量は、だいたいこのくらい。

③スモーカーの網から落ちない大きなものは、網に直接のせてもいい。

燻す

④煙が出たのを確認したら、ふたを閉める。

⑤パリッと仕上げたいので、ふたを少しずらして水蒸気を逃す。

⑥火をとおす必要はないので、香りがつけば完成。

燻す

燻すだけで別格の味
ソーセージの燻製

【材料】
ソーセージ……………………好きなだけ

【つくり方】
燻 ①スモーカーをセットし、ソーセージを網にのせて強火にかける。
②煙が出たらふたをして火を弱め、中火で約10分燻す。

男前度 ★

《下ごしらえ時間》
0分

《燻製時間》
5~10分

《燻製の種類》
温燻

《おすすめのチップ》
・サクラ
・ヒッコリー

《メモ》
・チョリソーほか、いろいろなソーセージで試してみよう。
・食べてみて中が温まっていなければ、フライパンで焼くかボイルしてもOK。

燻す

煙の香りが合う！ 魚肉ソーセージの燻製

【材料】
魚肉ソーセージ……………………好きなだけ

【つくり方】
燻 ①スモーカーをセットし、魚肉ソーセージを網にのせて強火にかける。
②煙が出たらふたをして火を弱め、中火で約10分燻す。

《下ごしらえ時間》
0分

《燻製時間》
10～15分

《燻製の種類》
温燻

《おすすめのチップ》
・サクラ
・ヒッコリー

《メモ》
・熱がとれてから食べたほうがおいしい。
・少し強めに燻すか、カットしてから燻すと、魚肉ソーセージの強い香りに負けない。

燻す

意外にさっぱり風味
ランチョンミートの燻製

【材料】
ランチョンミート……………1缶

【つくり方】
①ランチョンミートは8㎜厚さに切る。厚さはお好みで。
燻 ②スモーカーをセットし、ランチョンミートを網にのせて強火にかける。
③煙が出たらふたをして火を弱め、中火で約15分燻す。

《下ごしらえ時間》
1分

《燻製時間》
10～15分

《燻製の種類》
温燻

《おすすめのチップ》
・サクラ
・ヒッコリー
・ナラ

《メモ》
・温かいうちに食べるのがおすすめ。冷めたらソテーしてもいい。
・スライスの厚さを変えると味わいが変わる。いろいろ試してみよう。

燻す

つまみにも、料理にも
コンビーフの燻製

【材料】
コンビーフ……………………1缶

【つくり方】
①コンビーフは8㎜厚さに切る。厚さはお好みで。
燻 ②スモーカーをセットし、コンビーフを網にのせて強火にかける。
③煙が出たらふたをして火を弱め、中火で約15分燻す。

男前度★

コンビーフの燻製

《下ごしらえ時間》
1分

《燻製時間》
10～15分

《燻製の種類》
温燻

《おすすめのチップ》
・サクラ
・ヒッコリー

《メモ》
・冷めてもおいしい。
・スライスの厚さを変えるほか、ほぐしてアルミ皿にのせて燻しても味わいが変わる。
・ほぐして炒め物などに入れてもおいしい。

燻す

缶詰がリッチな味に
ツナの燻製

【材料】
ツナ缶詰……………1缶

【つくり方】
①ツナは油をきって、アルミ箔でつくった皿に、ほぐしてのせる。
燻 ②スモーカーをセットし、ツナを網にのせて強火にかける。
③煙が出たらふたをして火を弱め、中火で約15分燻す。

《下ごしらえ時間》
1分

《燻製時間》
10〜15分

《燻製の種類》
温燻

《おすすめのチップ》
・クルミ
・ナラ
・ブナ

《メモ》
・油はしっかりきる。
・マヨネーズであえて、サラダやパスタに、和え物や炒め物にするなど使い方は無限大。

燻す

毎日のおつまみに かまぼこの燻製

【材料】

かまぼこ、笹かまぼこ……………各適量

【つくり方】

①かまぼこは板から外し、笹かまぼこも表面の水けをキッチンペーパーでふく。

燻 ②スモーカーをセットし、かまぼこ2種を網にのせて強火にかける。

③煙が出たらふたをして火を弱め、中火で約10分燻す。

④熱がとれたら、食べやすい大きさに切る。

《下ごしらえ時間》

0分

《燻製時間》

5〜10分

《燻製の種類》

温燻

《おすすめのチップ》

・クルミ
・ナラ
・リンゴ

《メモ》

・丸ごと燻して、食べるときに切るのがいい

燻す

少し溶けたチーズがいい
チーちくの燻製

【材料】

ちくわ……………………4本

プロセスチーズ…………適量

【つくり方】

①チーズは1㎝角の棒切りにし、ちくわの穴に入れる。

燻 ②スモーカーをセットし、ちくわを網にのせて強火にかける。

③煙が出たらふたをして火を弱め、中火で約10分燻す。

④熱がとれたら、食べやすい大きさに切る。

《下ごしらえ時間》

5分

《燻製時間》

5～10分

《燻製の種類》

温燻

《おすすめのチップ》

・クルミ

・ナラ

《メモ》

・切ってから燻すと、丸のままよりもチーズに香りがつきやすい。

燻す

練り物は燻製に合う
おでんだねの燻製

【材料】
はんぺん……1枚
さつまあげ……2枚
ごぼう天……2本

【つくり方】
①おでんだねは表面の水けをキッチンペーパーでふく。
燻 ②スモーカーをセットし、おでんだねを網にのせて強火にかける。
③煙が出たらふたをして火を弱め、中火で約15分燻す。
④熱がとれたら、食べやすい大きさに切る。

《下ごしらえ時間》
0分
《燻製時間》
10〜15分
《燻製の種類》
温燻
《おすすめのチップ》
・クルミ
・ナラ
《メモ》
・練り物はなにを使ってもおいしい！ いろいろ試してみよう。

燻す

甘い卵でつくろう

卵焼きの燻製

【材料】

市販の卵焼き……………1個

【つくり方】

①卵焼きは表面の水けをキッチンペーパーでふく。

燻 ②スモーカーをセットし、卵焼きを網にのせて強火にかける。

③煙が出たら少しずらしてふたをして火を弱め、中火で約10分燻す。

④熱がとれたら、食べやすい大きさに切る。

《下ごしらえ時間》

0分

《燻製時間》

5~10分

《燻製の種類》

温燻

《おすすめのチップ》

・クルミ
・ナラ
・リンゴ

《メモ》

・甘い卵焼きを軽めに燻そう。だし巻き卵だとイマイチ合わない。

燻す

さくさく食感がいい
長いもの燻製

【材料】
長いも……10㎝程度
好みで、塩……適量

【つくり方】
①長いもはさっと洗ってから皮をむき、表面の水けをキッチンペーパーでふく。
燻 ②スモーカーをセットし、長いもを網にのせて強火にかける。
③煙が出たら少しずらしてふたをして火を弱め、中火で約15分燻す。
④熱がとれたら、食べやすい大きさに切り、好みで塩を添える。

《下ごしらえ時間》
1分

《燻製時間》
10〜15分

《燻製の種類》
温燻

《おすすめのチップ》
・クルミ
・ナラ

《メモ》
・粘りがあるので、洗ったあと少し時間をおいて表面を乾かしておくと扱いやすい。
・丸ごと燻して、好みのサイズにカットして食べよう。

燻す

しみじみ和風味
漬け物の燻製

【材料】
梅干し、奈良漬け、たくわん……………………好きなだけ

【つくり方】
①漬け物は表面の水けをキッチンペーパーでふく。
燻 ②スモーカーをセットし、漬け物を網にのせて強火にかける。
③煙が出たら少しずらしてふたをして火を弱め、中火で約15分燻す。
④熱がとれたら、食べやすい大きさに切る。

《下ごしらえ時間》
0分

《燻製時間》
10〜15分

《燻製の種類》
温燻

《おすすめのチップ》
・クルミ
・ナラ

《メモ》
・たくわんは、温度が上がりすぎると食感が悪くなるので注意！

燻す

食べすぎ注意！
オリーブの燻製

【材料】
オリーブ……………………好きなだけ

【つくり方】
①オリーブは表面の水けをキッチンペーパーでふく。
燻 ②スモーカーをセットし、オリーブを網にのせて強火にかける。
③煙が出たらふたをして火を弱め、中火で約10分燻す。

《下ごしらえ時間》
0分

《燻製時間》
5～10分

《燻製の種類》
温燻

《おすすめのチップ》
・クルミ
・ナラ
・リンゴ

《メモ》
・グリーンオリーブがおすすめ。
・そのまま食べてもサラダにあえても、刻んでパスタに使ってもいい。

燻す

意外なおいしさに、手が止まらない お好み菓子の燻製

【材料】
プリッツ、ポテトチップス、キャラメルコーン、チーズおかき……好きなだけ

【つくり方】
燻 ①アルミ箔で皿をつくり、菓子をなるべく重ならないように並べる。
②スモーカーをセットし、菓子を網にのせて強火にかける。
③煙が出たら少しずらしてふたをして火を弱め、中火で約10分燻す。

What is this
delicious

《下ごしらえ時間》
0分

《燻製時間》
5〜10分

《燻製の種類》
温燻

《おすすめのチップ》
・サクラ
・ヒッコリー

《メモ》
・湿気やすいので、燻したてを食べよう。

男前度★

燻す

干物のおいしい調理法
あじ干物の燻製

【材料】
あじ干物……………2尾

【つくり方】
①あじは表面の水けをキッチンペーパーでふく。
燻 ②スモーカーをセットし、あじを網にのせて強火にかける。
③煙が出たらふたをして火を弱め、強めの中火で約10分、火がとおるまで燻す。

《下ごしらえ時間》
0分

《燻製時間》
5〜10分

《燻製の種類》
温燻

《おすすめのチップ》
・サクラ
・ヒッコリー

《メモ》
・できたて、熱々を食べよう。
・ホッケなど干物ならなんでもおいしい。
・白身魚には、リンゴ、ナラなど、マイルド系のチップが合う。

燻す

そのまま食べても
料理に使っても

しらすの燻製

【材料】
釜揚げしらす……………………適量

【つくり方】
①しらすは水けをきり、アルミ箔で作った皿にのせる。
燻 ②スモーカーをセットし、しらすを網にのせて強火にかける。
③煙が出たら少しずらしてふたをして火を弱め、中火で約10分燻す。

男前度 ★

しらすの燻製

《下ごしらえ時間》
0分

《燻製時間》
5〜10分

《燻製の種類》
温燻

《おすすめのチップ》
・クルミ
・ナラ

《メモ》
・ちりめんじゃこでもおいしい。
・そのまま食べるほか、サラダやパスタに混ぜるのもおすすめ。

燻す

秘密にしたい禁断のレシピ

スモーク調味料

【材料】
塩、しょうゆ
オリーブオイル、バター
マヨネーズ、味噌
白いりごま …………………… 各適量

【つくり方】
①アルミ箔で皿をつくり、調味料を入れる（A。写真は塩）。煙に触れる面積を増やすため、調味料はできるだけ薄く広げるといい。
燻 ②スモーカーをセットし、調味料を網にのせて強火にかける。
③煙が出たらふたをして火を弱める。途中でふたを開け調味料を混ぜる（B）。中火で約10分燻す。
④溶けたバターは保存容器に入れて冷蔵庫で固める。

A

B

《下ごしらえ時間》
0分

《燻製時間》
5〜10分

《燻製の種類》
温燻

《おすすめのチップ》
・サクラ
・ヒッコリー

《メモ》
・刺身や生野菜、麺類、パンなど、燻すのに向かない食材が燻製風味になる魔法の調味料。

RECIPE 17
基本調味料（塩、しょうゆ）

RECIPE 18
オイル類（オリーブオイル、バター）

RECIPE 19
ソース類（マヨネーズ、味噌）

RECIPE 20
薬味（白いりごま）

男前度★★

肉、魚、野菜etc…のシンプル燻製

ふだん食卓に並ぶ肉や魚や野菜も
煙で燻すと、いつもと違った味になる。
生の食材を使うときには、味つけの手順が加わるが、
それはふだんの料理も同じこと。
シンプルな味つけをして、スモーカーへ・in。
火のとおりが心配ならば燻したあとに熱を加えてもよし、
そのまま食べてもおいしい食材なら、
味つけなしで燻しても。
好みの味を目指して、いろいろ試すのも楽しい!

スモークチキン

→つくり方は p.032

味つけ 燻す 仕上げ

仕上げのグリルでパリパリ&ジューシー

スモークチキンのグリル

【材料】

鶏モモ肉……………………1枚
塩、こしょう………………各適量
にんにく(薄切り)…………1かけ分
オリーブオイル……………適量

【つくり方】

①鶏肉は、筋や軟骨を取り除き、厚い部分に包丁で切り目を入れて、厚さを均一にする。

味 ②鶏肉の両面に塩、こしょうをふり、常温に15～30分おく。

燻 ③キッチンペーパーで水けをふき、スモーカーをセットし、鶏肉を網にのせて強火にかける。

④煙が出たらふたをして火を弱め、約15分燻す。

仕 ⑤フライパンにオリーブオイルとにんにくを入れて中火にかけ、香りがたったらにんにくを取り出す。

⑥燻製した鶏肉を皮目を下にしてフライパンに入れ中火で焼く。焼き色がついたら返し、同様に焼く。皿に盛り、取り出したにんにくをのせる。

男前度 ★★

スモークチキンのグリル

《下ごしらえ時間》
30分

《燻製時間》
10～15分

《燻製の種類》
温燻

《おすすめのチップ》
・クルミ
・ナラ

《メモ》
・焼きたて、熱々を食べよう。
・肉を焼くときに、空いたスペースでに野菜をソテーするといい。
・冷ましてサラダやサンドイッチに使うのもおすすめ。

① 火のとおりを均一にするため、厚いところを切りひらく。

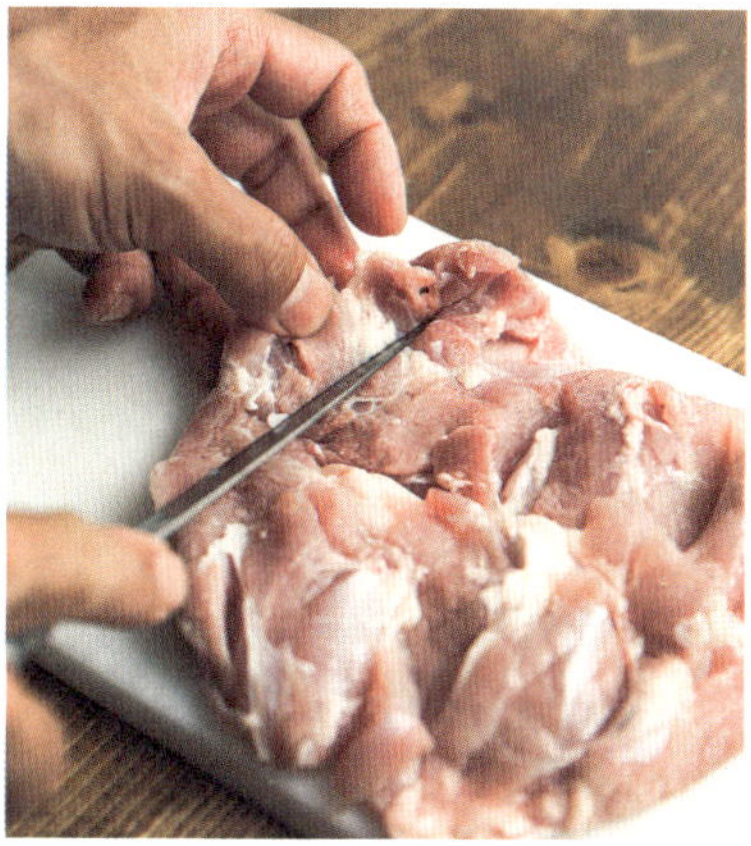

味つけ

② 塩、こしょうは、たっぷりめがおいしい。

③ 燻す前に、表面の水けを、押さえるようにしてふく。

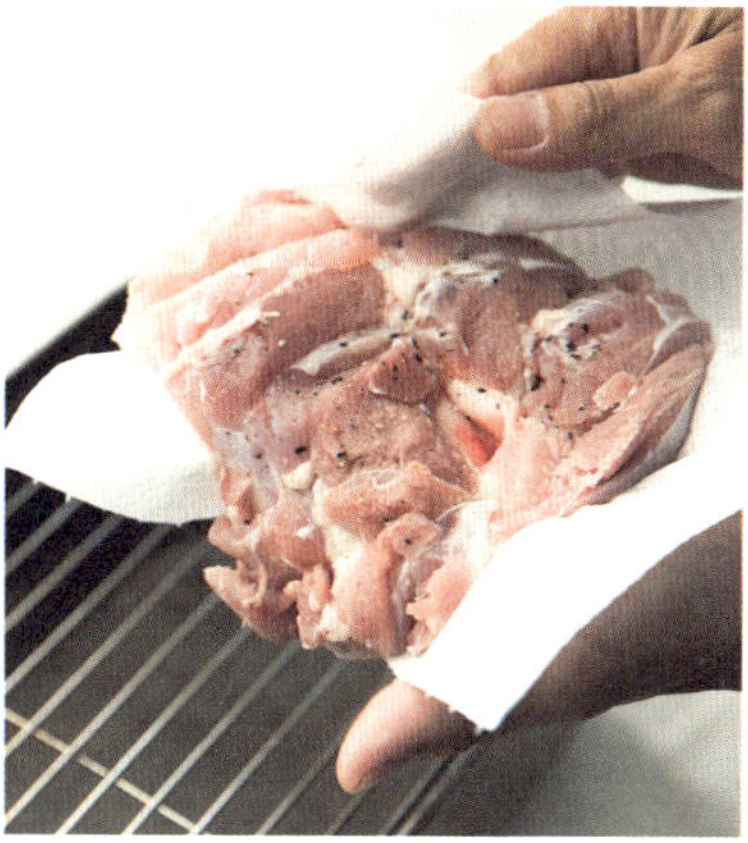

燻す

④ あとでグリルするので、ここでは香りをつける程度でOK。

仕上げ

⑤ にんにくが焦げないよう、火かげんに注意。

⑥ 皮目を焼くときは、菜箸やヘラで軽く押さえ、全体をパリッとさせる。

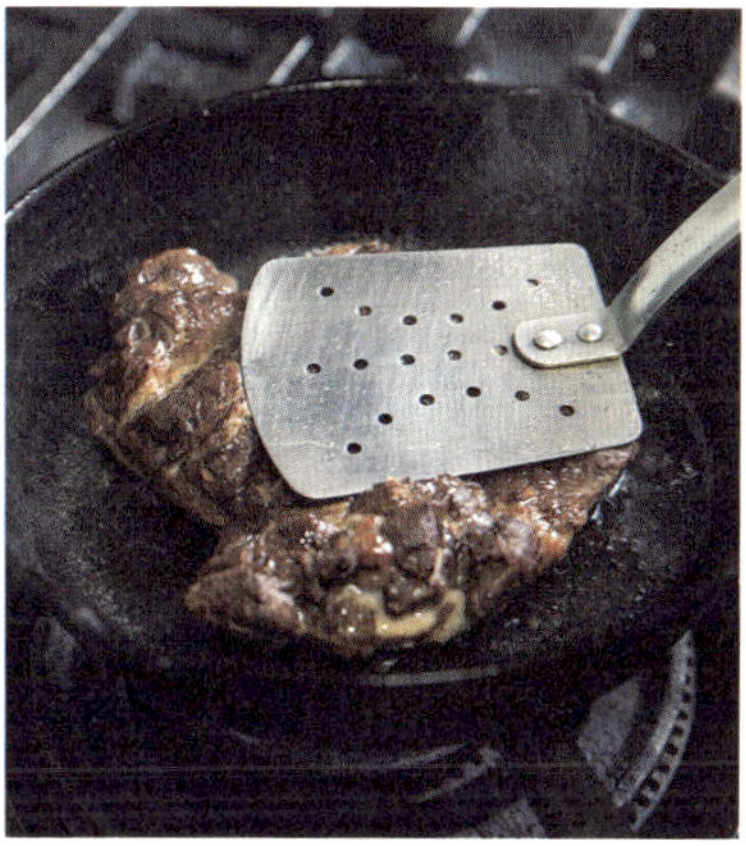

味つけ 燻す 仕上げ

しっとり食感に旨みが凝縮

燻製鴨ムネ肉のロースト

【材料】

鴨ムネ肉……………………1枚
塩、こしょう………………各適量
オリーブオイル……………適量
バルサミコ酢………………適量

【つくり方】

味 ①鴨肉は常温にもどし、皮に切りこみを入れ、塩、こしょうをふり、キッチンペーパーで水けをふく。

燻 ②スモーカーをセットし、鴨肉を網にのせて強火にかける。

③煙が出たらふたをして火を弱め、中火で約15分燻す。

仕 ④フライパンで両面を焼く。スライスして皿に盛り、バルサミコ酢を煮詰めたソースをかけ、ベビーリーフ（分量外）を添える。

男前度 ★★

《下ごしらえ時間》
20分

《燻製時間》
10～15分

《燻製の種類》
温燻

《おすすめのチップ》
・サクラ
・ヒッコリー

《メモ》
・焼きたても、冷めてもどちらもおいしい。
・鴨肉は塩が入りにくいので、食べてみて味が薄ければ塩、こしょうを足そう。
・燻しすぎ、焼きすぎると肉がパサパサになってしまうので注意。

味つけ 燻す 仕上げ

骨つき肉でワイルドに
燻製ラムチョップのグリル

【材料】
ラム骨つき肉……………………2本
塩、こしょう……………………各適量
オリーブオイル…………………適量

【つくり方】
味 ①ラム肉に塩、こしょうをふり、常温に15分おいてから、キッチンペーパーで水けをふく。
燻 ②スモーカーをセットし、ラム肉を網にのせて強火にかける。
③煙が出たらふたをして火を弱め、中火で約15分燻す。
仕 ④フライパンで両面を焼く。皿に盛りベビーリーフ(分量外)を添える。

男前度★★

燻製ラムチョップのグリル

《下ごしらえ時間》
20分

《燻製時間》
10〜15分

《燻製の種類》
温燻

《おすすめのチップ》
・サクラ
・ヒッコリー

《メモ》
・焼きたて、熱々を食べよう。

味つけ 燻す

シンプルな味つけで、いくつでも食べられる

手羽先の燻製

【材料】
鶏手羽先……………………10本
塩、こしょう……………各適量

【つくり方】
①手羽先は食べやすいように骨を抜く。キッチンばさみで2本の骨の間を切りはずし（A）、根元を折って関節を外したら（B）、滑らないように布巾で骨をつかんで一方向に回しながら引き抜く（C）。もう1本も同様にして抜く。

味 ②塩、こしょうを多めにふり、常温に15～30分おいてから、キッチンペーパーで水けをふく。

燻 ③スモーカーをセットし、手羽先を網にのせて強火にかける。

④煙が出たらふたをして火を弱め、中火で約15分燻す。

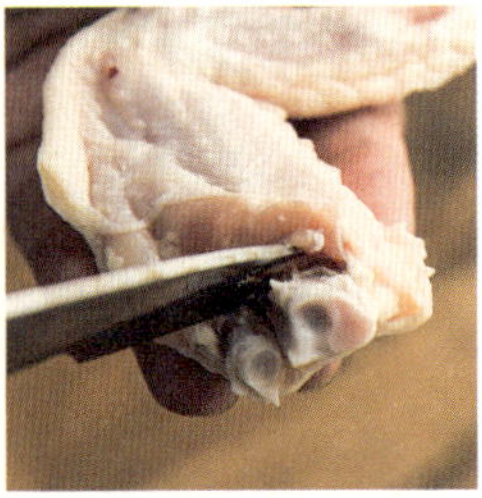
A

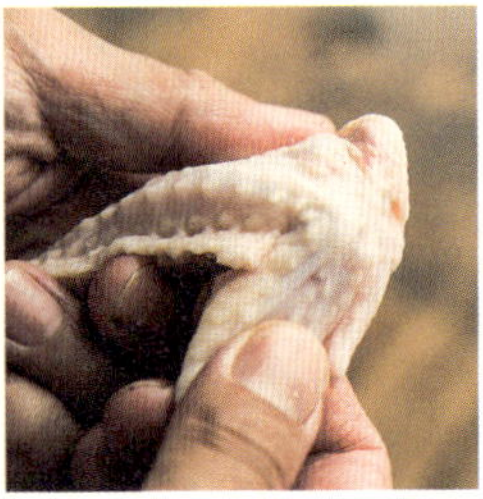
B

C

《下ごしらえ時間》
30分

《燻製時間》
10～15分

《燻製の種類》
温燻

《おすすめのチップ》
・クルミ
・ナラ

《メモ》
・できたて、熱々を食べよう。
・手羽先は塩が入りにくいので、塩、こしょうは多めにふる。

味つけ 燻す

煙の力でくさみ知らず

鮭ハラスの燻製

【材料】

鮭ハラス……………2切れ
塩、こしょう………各適量

【つくり方】

味 ①鮭は塩をふって、キッチンペーパーで水けをふく。

燻 ②スモーカーをセットし、鮭を皮を下にして網にのせて強火にかける。

③煙が出たらふたをして火を弱め、弱めの中火で、火がとおるまで約15分燻す。

《下ごしらえ時間》
5分

《燻製時間》
10〜15分

《燻製の種類》
温燻

《おすすめのチップ》
・クルミ
・ナラ
・リンゴ

《メモ》
・できたて、熱々を食べよう。
・おにぎりの具にしてもおいしい。

男前度★★

鮭ハラスの燻製

味つけ 燻す

炭火焼きに負けてない
さんまの燻製

【材料】
さんま……………………2尾
塩…………………………適量

【つくり方】
①さんまは腹ワタを出し、キッチンペーパーで水けをふき、表面が乾くまで時間をおく。
味 ②塩を多めにふる。
燻 ③スモーカーをセットし、さんまを盛りつけるときの向きで網にのせて強火にかける。
④煙が出たらふたをして火を弱め、弱めの中火で、火がとおるまで約15分燻す。

《下ごしらえ時間》
10分

《燻製時間》
10～15分

《燻製の種類》
温燻

《おすすめのチップ》
・クルミ
・ナラ

《メモ》
・できたて、熱々を食べよう。
・火が強すぎると皮が破れてしまうので、弱めの中火で時間をかけて焼くといい。

味つけ 燻す

ご飯にも合う！ ぶりの燻製

【材料】
ぶり切り身……………………2切れ
塩、こしょう………………各適量

【つくり方】
味 ①ぶりは塩をふって、キッチンペーパーで水けをふく。
燻 ②スモーカーをセットし、ぶりを盛りつけるときの向きで網にのせて強火にかける。
③煙が出たらふたをして火を弱め、弱めの中火で、火がとおるまで約15分燻す。

《下ごしらえ時間》
5分

《燻製時間》
10〜15分

《燻製の種類》
温燻

《おすすめのチップ》
・クルミ
・ナラ

《メモ》
・できたて、熱々を食べよう。
・角切りにしてパスタの具にするのもおすすめ。

味つけ　燻す

肉厚な贅沢イカクン

いかの燻製

【材料】

いか（もんごういか、こういかなど肉厚のもの）……2切れ

〈ソミュール液〉

水……250㎖

塩……大さじ1

砂糖……小さじ2

【つくり方】

①いかは表面に斜めに浅い切りこみを入れる。

味 ②ソミュール液の材料を保存袋に合わせいかを入れ、空気を抜いて口を閉じ、冷蔵庫に一晩おく（A）。

③汁けをきってキッチンペーパーで水けをふく。

燻 ④スモーカーをセットし、いかを網にのせて強火にかける。

⑤煙が出たらふたをして火を弱め、中火で約10分燻す。

⑥熱がとれたら、食べやすい大きさに切る。

A

《下ごしらえ時間》

1日

《燻製時間》

5～10分

《燻製の種類》

温燻

《おすすめのチップ》

・クルミ

・ナラ

・リンゴ

《メモ》

・身の厚いいかを使うのがおすすめ。

・ソミュール液の量は、つくる分量に合わせて調整する。

男前度★★

いかの燻製

味つけ　燻す

しょうゆが香ばしい しいたけの燻製

【材料】

しいたけ……………1パック

しょうゆ……………適量

【つくり方】

味 ①しいたけは汚れを落として石づきを切る。

②しいたけの傘の内側にしょうゆをたらす。

燻 ③スモーカーをセットし、しいたけを網にのせて強火にかける。

④煙が出たらふたをして火を弱め、強めの中火で約10分、火がとおるまで燻す。

《下ごしらえ時間》

5分

《燻製時間》

5〜10分

《燻製の種類》

熱燻

《おすすめのチップ》

・クルミ

・ナラ

《メモ》

・できたて、熱々を食べよう。

乾かす　味つけ　燻す

ビールがすすむ！

ホルモンの燻製

【材料】
塩ゆでホルモン……………1パック
塩、こしょう……………各適量

【つくり方】
①ホルモンはざっと水洗いして、キッチンペーパーで水けをふき、串に刺す。
乾 ②表面が乾くまで時間をおく。
味 ③塩、こしょうをふる。
燻 ④スモーカーをセットし、ホルモンを網にのせて強火にかける。
⑤煙が出たらふたをして火を弱め、中火で約10分燻す。

《下ごしらえ時間》
30分

《燻製時間》
5～10分

《燻製の種類》
温燻

《おすすめのチップ》
・サクラ
・ヒッコリー

《メモ》
・できたて、熱々を食べよう。冷めたら温めなおしたほうがおいしい。

味つけ　燻す

豚もウマイ！

豚タンの燻製

【材料】
豚タン……………………1本
〈ソミュール液〉
水……………………250㎖
塩……………………大さじ1
砂糖……………………小さじ2

【つくり方】
①鍋に湯を沸かし沸騰したら豚タンを入れ、やわらかくなるまでゆでる。
②湯から取り出し、包丁の刃を使って皮をむき（A）、フォークや金ぐしなどでまんべんなく穴をあける（B）。
味 ③ソミュール液の材料を保存袋に合わせ豚タンを入れ、空気を抜いて口を閉じ、冷蔵庫に一晩おく（C）。
④汁けをきってキッチンペーパーで水けをふく。
燻 ⑤スモーカーをセットし、豚タンを網にのせて強火にかける。
⑥煙が出たらふたをして火を弱め、中火で約10分燻す。
⑦熱がとれたら、食べやすい厚さにスライスする。

男前度 ★★

豚タンの燻製

A

B

C

《下ごしらえ時間》
1日

《燻製時間》
5～10分

《燻製の種類》
温燻

《おすすめのチップ》
・サクラ
・ヒッコリー

《メモ》
・温かくても、冷めてもおいしく食べられる。

男前度★★

豚タンの燻製

味つけ 乾かす 燻す

不思議食感がクセになる
こんにゃくジャーキー

【材料】
こんにゃく……………………1本
〈漬け汁〉
赤ワイン……………………大さじ3
しょうゆ、水………………各大さじ2
はちみつ……………………大さじ1
塩……………………………小さじ1
唐辛子………………………1本

【つくり方】
①こんにゃくは薄切りにして（A）、軽く水を切ってから袋かバットに入れて冷凍庫に一晩おく。こんにゃくらしい食感を残す場合は、冷凍庫に入れず②の工程へ。
味 ②漬け汁の材料を保存袋に合わせこんにゃくを入れ、空気を抜いて口を閉じ、冷蔵庫に一晩おく（B）。
乾 ③汁けをきってキッチンペーパーで水けをふき、網にのせて水けがなくなるまで冷蔵庫におく（C）。
燻 ④スモーカーをセットし、こんにゃくを網にのせて強火にかける。
⑤煙が出たらふたをして火を弱め、中火で約10分燻す。

男前度 ★★

A

B

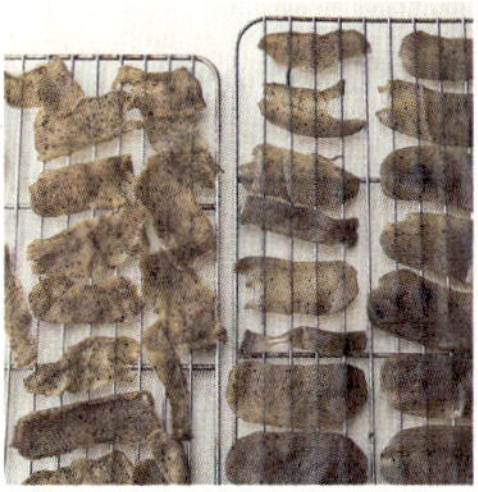
C

《下ごしらえ時間》
2日

《燻製時間》
5～10分

《燻製の種類》
温燻

《おすすめのチップ》
・サクラ
・ヒッコリー

《メモ》
・冷凍庫に入れたほうが水けが抜け、ジャーキーらしい食感になる。
・漬け汁には凍ったまま入れてOK。
・熱がとれてから食べる。

男前度 ★★

こんにゃくジャーキー

味つけ 乾かす 燻す

安定の塩味
ゆで卵の燻製

【材料】
ゆで卵……6〜8個
〈ソミュール液〉
水……250㎖
塩……大さじ1
砂糖……小さじ2

【つくり方】
味 ①ソミュール液の材料を保存袋に合わせ卵を入れ、空気を抜いて口を閉じ、冷蔵庫に一晩おく。
乾 ②汁けをきってキッチンペーパーで水けをふき、表面が乾くまで時間をおく。
燻 ③スモーカーをセットし、卵を網にのせて強火にかける。
④煙が出たらふたをして火を弱め、中火で約10分燻す。
⑤熱がとれたら、食べやすい大きさに切る。

《下ごしらえ時間》
1日
《燻製時間》
5〜10分
《燻製の種類》
温燻
《おすすめのチップ》
・クルミ
・ナラ
《メモ》
・ゆで卵は、燻す前に常温にもどしておく。
・色がつきにくいので、しっかり色つけたければ、サクラのチップを使うといい。

味つけ 乾かす 燻す

ほんのり甘い味噌味

うずら卵の燻製

【材料】

うずら卵水煮……2〜3パック分

〈漬けだれ〉

味噌……大さじ2

みりん……大さじ3

酒……大さじ3

【つくり方】

味 ①保存容器に漬けだれの材料を合わせ卵を入れ、冷蔵庫に一晩おく。

乾 ②たれを取り除き、さっと洗ってからキッチンペーパーで水けをふき、表面が乾くまで時間をおく

燻 ③スモーカーをセットし、卵を網にのせて強火にかける。

④煙が出たらふたをして火を弱め、中火で約10分燻す。

男前度 ★★

《下ごしらえ時間》

1日

《燻製時間》

5〜10分

《燻製の種類》

温燻

《おすすめのチップ》

・クルミ

・ナラ

《メモ》

・うずら卵は、燻す前に常温にもどしておく。

・塩味、味噌味は、どちらの卵にも合うので、好みの味をつけよう。

乾かす　燻す

燻すだけで香ばしい！

とうもろこしの燻製

【材料】
とうもろこし……………………2本

【つくり方】
①とうもろこしは皮ごと鍋に入れ、かぶるくらいの水を入れて中火にかけ、沸騰したら3～5分ゆでる。
②ざるにあげ、皮とひげを取り、½～⅓に切る。
乾 ③水けをキッチンペーパーでふき、表面が乾くまで時間をおく。
燻 ④スモーカーをセットし、とうもろこしを網にのせて強火にかける。
⑤煙が出たらふたをして火を弱め、中火で約15分燻す。

男前度 ★★

《下ごしらえ時間》
15分

《燻製時間》
10～15分

《燻製の種類》
温燻

《おすすめのチップ》
・サクラ
・ヒッコリー

《メモ》
・温かくても、冷めてもおいしい。
・芯から外してほぐして、サラダにするのもおすすめ。

味つけ 燻す

おつまみ度ランクアップ

枝豆の燻製

【材料】

枝豆……………………好きなだけ

塩……………………適量

【つくり方】

味 ①枝豆はボウルに入れ、たっぷりめの塩をもみこむ。

燻 ②スモーカーをセットし、枝豆を網にのせて強火にかける。

③煙が出たらふたをして火を弱め、強めの中火で約15分、火がとおるまで燻す。

《下ごしらえ時間》

1分

《燻製時間》

10～15分

《燻製の種類》

熱燻

《おすすめのチップ》

・クルミ

・ナラ

《メモ》

・できたて、熱々を食べよう。

・下ゆではしないで、スモーカーで蒸し焼きにするイメージ。

・冷凍の枝豆を使ってもいい。

乾かす 燻す

焼かなくても香ばし風味

じゃがいもの燻製

【材料】

じゃがいも……………好きなだけ

塩、こしょう…………各適量

【つくり方】

乾 ①じゃがいもは皮をよく洗い、鍋に入れ、かぶるくらいの水を入れて中火にかけ、やわらかくなるまでゆでる。

②ざるにあげ水けをきり、表面が乾くまで時間をおく。

燻 ③スモーカーをセットし、じゃがいもを網にのせて強火にかける。

④煙が出たらふたをして火を弱め、中火で約10分燻す。

⑤食べやすい大きさに切り、塩、こしょうをふる。

《下ごしらえ時間》
15分

《燻製時間》
5〜10分

《燻製の種類》
温燻

《おすすめのチップ》
・クルミ
・ナラ

《メモ》
・下ゆでは、少しかためくらいでいい。
・しょうゆやオリーブオイルをつけて食べてもおいしい。

燻す

ジューシーな燻製もいい

ミニトマトの燻製

【材料】

ミニトマト……………………好きなだけ

【つくり方】

①ミニトマトは皮に浅い切り目を入れて沸騰した湯にくぐらせてから、冷水にとって皮をむく。

②水けをキッチンペーパーでふく。

③スモーカーをセットし、トマトを網にのせて強火にかける。

燻

④煙が出たらふたをして火を弱め、中火で約5分燻す。

《下ごしらえ時間》

10分

《燻製時間》

5分

《燻製の種類》

温燻

《おすすめのチップ》

・サクラ
・ヒッコリー

《メモ》

・冷やして食べよう。
・水けをなくすのは難しいので、燻し時間を短くして、えぐみが出るのを避ける。

乾かす　燻す

甘酸っぱくてスパイシー
パイナップルの燻製

【材料】
パイナップル……………好きなだけ

【つくり方】
乾 ①パイナップルは⅛サイズのくし形に切り、表面がすっかり乾き、身が少し縮むまで冷蔵庫におく。
燻 ②スモーカーをセットし、パイナップルを網にのせて強火にかける。
③煙が出たらふたをして火を弱め、中火で約5分燻す。
④熱がとれたら、食べやすい大きさに切る。

男前度 ★★

《下ごしらえ時間》
1日

《燻製時間》
5分

《燻製の種類》
温燻

《おすすめのチップ》
•クルミ
•ナラ

《メモ》
•冷やして食べてもおいしい。
•水分が多く残っているとえぐみが強く出るので、しっかり乾かしてから燻そう。

燻す

トロ〜リ甘いのに大人味

バナナの燻製

【材料】

バナナ……………………好きなだけ

【つくり方】

燻 ①スモーカーをセットし、バナナを皮のまま網にのせて強火にかける。

②煙が出たらふたをして火を弱め、強めの中火で、火がとおるまで約10分燻す。

《下ごしらえ時間》

0分

《燻製時間》

5〜10分

《燻製の種類》

熱燻

《おすすめのチップ》

・クルミ

・ナラ

《メモ》

・できたて、熱々を食べよう。

・皮のまま丸ごと、中に火がとおるまで燻すのがポイント。

燻す　仕上げ

甘みを楽しんで
長ねぎ燻製のオイル漬け

【材料】
長ねぎ……………………好きなだけ
オリーブオイル……………適量
塩、こしょう………………各適量

【つくり方】
燻　①スモーカーをセットし、5㎝長さに切った長ねぎを網にのせて強火にかける。
②煙が出たらふたをして火を弱め、強めの中火で約10分、火がとおるまで燻す。
仕　③長ねぎを容器に移し、オイルを注いで塩、こしょうをふる。

男前度 ★★

《下ごしらえ時間》
1分

《燻製時間》
5～10分

《燻製の種類》
熱燻

《おすすめのチップ》
・サクラ
・ヒッコリー

《メモ》
・芯がとろりとするまで燻すのがおすすめ。
・熱いうちにオイルに漬けて、半日後からが食べごろ。食べるときに温めなおすとおいしい。

燻す

トロトロがたまらない カマンベールの燻製

【材料】
カマンベールチーズ……………1個
こしょう……………………適量

【つくり方】
燻 ①スモーカーをセットし、アルミ箔を敷いたチーズを網にのせて強火にかける。
②煙が出たらふたをして火を弱め、中火で約10分燻す。
③スモーカーから取り出し、チーズに十字に切りこみを入れて、こしょうをふる。

《下ごしらえ時間》
0分
《燻製時間》
5〜10分
《燻製の種類》
温燻
《おすすめのチップ》
・サクラ
・ヒッコリー
《メモ》
・熱々のうちに皮ごと食べるのがおいしい。
・網にチーズがくっつきやすいので、アルミ箔にのせて燻す。

燻す

いろんなチーズで試したい

4種のスモークチーズ

男前度 ★★

【材料】

クリームチーズ
ゴルゴンゾーラチーズ
パルメザンチーズ
プロセスチーズ
…………好きなだけ

【つくり方】

燻

①スモーカーをセットし、アルミ箔に並べたチーズを網にのせて強火にかける。

②煙が出たらふたをして火を弱め、弱めの中火で約10分燻す。

③熱がとれたら、食べやすい大きさに切る。

《下ごしらえ時間》
0分

《燻製時間》
5〜10分

《燻製の種類》
温燻

《おすすめのチップ》
• サクラ
• ヒッコリー

《メモ》
• クリームチーズ、ゴルゴンゾーラは特に溶けやすいので火かげんに注意。

RECIPE 43
クリームチーズ
RECIPE 44
ゴルゴンゾーラチーズ
RECIPE 45
パルメザンチーズ
RECIPE 46
プロセスチーズ

燻す

さっと香りをつける「瞬間燻製」で

鯛刺身の燻製

【材料】

鯛（刺身用）……………… 1さく
しょうゆ、わさび ………… 適宜

【つくり方】

燻 ①鯛はキッチンペーパーで水けをふく。
②スモーカーをセットし、強火にかける。
③しっかり煙を出してから網に鯛をのせ、ふたをして弱火にし、1〜2分燻す。
④冷蔵庫で冷やしてから薄切りにし、しょうゆ、わさびを添える。

《下ごしらえ時間》
0分

《燻製時間》
1〜2分

《燻製の種類》
瞬間燻製

《おすすめのチップ》
・クルミ
・ナラ

《メモ》
・食材には火をとおさず、香りだけをまとわせる瞬間燻製は、煙をガッツリ出してから食材をのせて、弱火で短時間燻すのがコツ。

男前度★★

鯛刺身の燻製

燻す

炙りもいいけど燻しもいい

大トロの燻製

【材料】
大トロ……………………1さく
好みで、わさび、しょうゆなど……………適宜

【つくり方】
①トロはキッチンペーパーで水けをふく。
②スモーカーをセットし、強火にかける。
燻 ③しっかり煙を出してから網にトロをのせ、ふたをして弱火にし、1〜2分燻す。
④冷蔵庫で冷やしてから、薄切りにする。

《下ごしらえ時間》
0分

《燻製時間》
1〜2分

《燻製の種類》
瞬間燻製

《おすすめのチップ》
・サクラ
・ヒッコリー

《メモ》
・刺身の瞬間燻製は、火がとおりすぎないようにさくのまま燻すのがポイント。

燻す

火のとおし具合はお好みで
明太子の燻製

【材料】

辛子明太子……………………1腹

【つくり方】

①明太子はキッチンペーパーで水けをふく。

②スモーカーをセットし、強火にかける。

燻

③しっかり煙を出してから網に明太子をのせ、ふたをして中火にし、約5分燻す。

④熱がとれたら、食べやすい大きさに切る。

《下ごしらえ時間》
0分

《燻製時間》
5分

《燻製の種類》
瞬間燻製

《おすすめのチップ》
・サクラ
・ヒッコリー

《メモ》
・燻し時間が1～2分なら、ほとんど生の状態に香りがつくだけ、10分以上なら中まで火がとおる。

燻す

肉々しさに煙が合う
馬刺しの燻製

【材料】
馬刺し……………………1さく
好みで、おろしにんにく、おろししょうが、しょうゆなど……………適宜

【つくり方】
①馬刺しはキッチンペーパーで水けをふく。
②スモーカーをセットし、強火にかける。
燻 ③しっかり煙を出してから網に馬刺しをのせ、ふたをして弱火にし、1~2分燻す。
④冷蔵庫で冷やしてから薄切りにし、にんにく、しょうがを添える。

《下ごしらえ時間》
0分
《燻製時間》
1~2分
《燻製の種類》
瞬間燻製
《おすすめのチップ》
・サクラ
・ヒッコリー
《メモ》
・煙の香りが負けないように、薬味のにんにくは控えめに。ポン酢+しょうがで食べるのもおすすめ。

燻す

簡単スモークサーモン風

鮭刺身の燻製

【材料】

鮭（刺身用）……1さく
好みで、わさび、しょうゆなど……適宜

【つくり方】

①鮭はキッチンペーパーで水けをふく。
②スモーカーをセットし、強火にかける。
燻 ③しっかり煙を出してから網に鮭をのせ、ふたをして弱火にし、1～2分燻す。
④冷蔵庫で冷やしてから薄切りにし、わさびを添える。

《下ごしらえ時間》
0分

《燻製時間》
1～2分

《燻製の種類》
瞬間燻製

《おすすめのチップ》
・サクラ
・ヒッコリー

《メモ》
・身が薄いと火がとおりやすいので注意。

味つけ　燻す

レアに仕上げるのがポイント

ほたての燻製

【材料】

ほたて（刺身用）……………1パック

塩……………適量

【つくり方】

味 ①ほたては塩をふって、5分ほどおく（A）。

②キッチンペーパーで水けをふく。

③スモーカーをセットし強火にかける。

燻 ④しっかり煙を出してから網にほたてをのせ、ふたをして弱火にし、1～2分燻す。

男前度 ★★

A

《下ごしらえ時間》

5分

《燻製時間》

1～2分

《燻製の種類》

瞬間燻製

《おすすめのチップ》

・サクラ

・ヒッコリー

《メモ》

・熱をとってから食べるか、冷やしてから食べてもおいしい。

男前度★★

ほたての燻製

味つけ　燻す

BBQでも燻製を！

スモーキーステーキ

男前度★★

【材料】
牛ステーキ肉……………2枚
塩、こしょう…………各適量

【つくり方】
味 ①常温にもどした牛肉の両面に塩、こしょうをふる。
②バーベキューグリルか焚き火台に炭をおこし、よい熾火ができたら、スモークチップ2〜3つまみを炭火に入れる（A）。
燻 ③焼き網をのせてステーキ肉を焼く（B）。こんがり焼き色がついたら肉を返して、チップを足して、好みのかげんまで焼く。
④しっかり香りをつけるときは、アルミ箔をかける（C）。蒸し焼きにならないよう、ふんわりかけるのがコツ。

A

B

C

《下ごしらえ時間》
0分

《燻製時間》
5〜10分

《燻製の種類》
熱燻の一種

《おすすめのチップ》
・サクラ
・ヒッコリー

《メモ》
・肉をひっくり返すのは1回だけ。片面を7割、返して残り3割を焼くイメージで。

味つけ 燻す

トロけるおいしさ

鶏レバーの燻製

【材料】

鶏レバー……………………1パック分

塩、こしょう………………各適量

【つくり方】

①鶏レバーはハツと切り分け（A）、常温にもどしておく。

味 ②水けをキッチンペーパーでふいたら、塩、こしょうをふり5分ほどおく。

燻 ③スモーカーをセットし、レバーを網にのせて強火にかける。ふたはしない。

④表面が乾いたら裏返し（B）、少しずらしてふたをして、もう片面にも火をとおす。

⑤食べやすい大きさに切る。

男前度 ★★

B

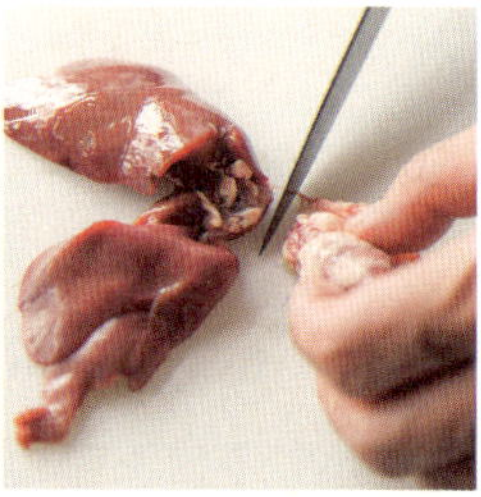

A

《下ごしらえ時間》

5分

《燻製時間》

5〜10分

《燻製の種類》

熱燻の一種

《おすすめのチップ》

・サクラ

・ヒッコリー

《メモ》

・できたて、熱々を食べよう。

・加熱しすぎるとパサパサになるので小さく切らず丸のままスモーカーへ。ふたは完全に閉めずに熱を逃しながら燻すのがポイント。

男前度★★

鶏レバーの燻製

味つけ　燻す

あふれる旨み
鶏ハツの燻製

【材料】
鶏ハツ……………………1パック分
塩、こしょう……………各適量

【つくり方】
①ハツは余分な脂を取り除いてから半分に切りひらき(A)、流水で血のかたまりを洗い流す。
味 ②水けをきってキッチンペーパーでふき、塩、こしょうをふる。
燻 ③スモーカーをセットし、ハツを網にのせて強火にかける。
④煙が出たらふたをして火を弱め、中火で約10分燻す。

男前度★★

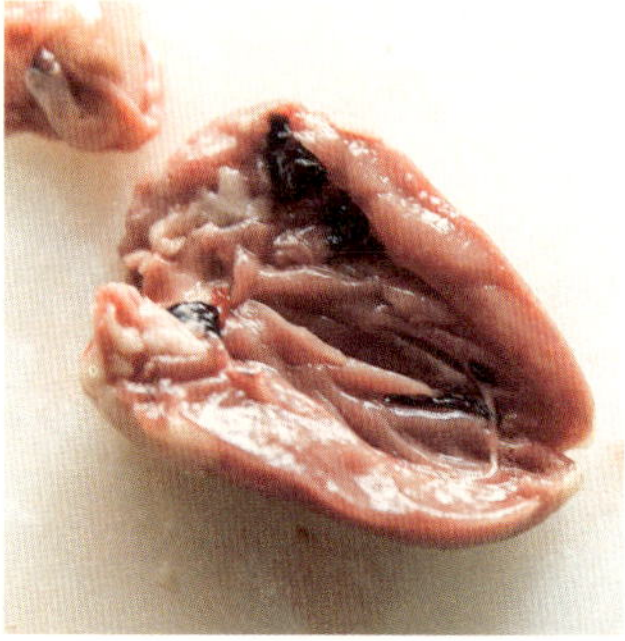
A

《下ごしらえ時間》
10分
《燻製時間》
5～10分
《燻製の種類》
熱燻
《おすすめのチップ》
・サクラ
・ヒッコリー
《メモ》
・できたて、熱々を食べよう。
・レバーと同時に燻すときは、ふたを開けたままでいい。身が薄いのでそれでも十分火がとおる。

男前度★★

鶏ハツの燻製

味つけ 燻す

コリコリ食感がウマイ！

砂肝の燻製

【材料】

砂肝……………1パック分

塩、こしょう…………各適量

【つくり方】

①砂肝は真ん中で切り分けてから、銀皮（青白い部分）を取り除く。皮の真ん中あたりに包丁の刃を入れ表面をそぐように切り離し（A）、反対側は手で引っ張ってむく。

味 ②砂肝に塩、こしょうを多めにふり、もみこんでから、キッチンペーパーで水けをふく。

燻 ③スモーカーをセットし、砂肝を網にのせて強火にかける。

④煙が出たらふたをして火を弱め、強めの中火で約10分燻す。

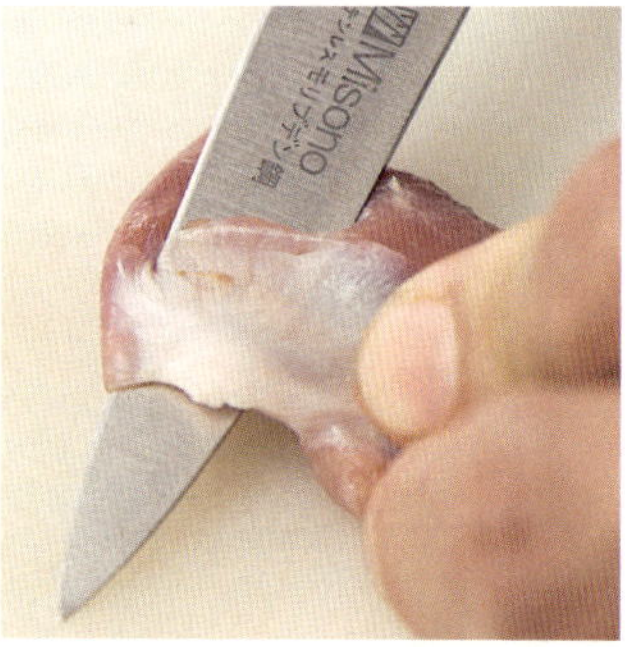

A

《下ごしらえ時間》
10分

《燻製時間》
5～10分

《燻製の種類》
熱燻

《おすすめのチップ》
・サクラ
・ヒッコリー

《メモ》
・熱々でも、冷めてもおいしい。
・塩味がつきにくいので、多めの塩をもみこむ。
・加熱しすぎると固くなるので注意。

男前度★★

砂肝の燻製

男前度★★★

OTKM 3

ちょっと一手間の絶品燻製

一晩かけてたれに漬けこんだり、
燻す前に焼き目をつけたり、ちょっと手間をかける、
ステップアップした燻製レシピ。
下ごしらえの手順が増えたとしても、
煙で燻す方法は大きく変わることはないので、
難易度がアップしているようで実はそうでもない。
仕込みに時間がかかるだけ、と考えて、
腹ペコ状態の、いますぐ食べたいときではなく、
少し時間に余裕があるときに、チャレンジしてみよう。

OTOKOMAE
SMOKE COOKING RECIPES
by BASE CAMP A-suke

かつおの燻製

→つくり方は p.080

味つけ 〉乾かす 〉燻す

しっとりレアに仕上げる

かつおの燻製

【材料】

かつお（刺身用）…………1さく

〈漬け汁〉

しょうゆ…………大さじ6

酒…………大さじ4

みりん…………大さじ2

にんにく（薄切り）…2かけ分

【つくり方】

味 ①漬け汁の材料を保存袋に合わせかつおを入れ、空気を抜いて袋を閉じ、冷蔵庫に一晩おく。

乾 ②汁けをきってキッチンペーパーで水けをふく。

③かつおを網にのせて、表面がすっかり乾くまで冷蔵庫におく。

燻 ④スモーカーをセットし、強火にかける。

⑤煙が出たら火を弱め、冷蔵庫から出したかつおを網にのせる。

⑥少しずらしてふたをして、中火にして約10分燻す。

⑦熱がとれたら冷蔵庫で冷やし、薄切りにして皿に盛る。

《下ごしらえ時間》

1日

《燻製時間》

10〜15分

《燻製の種類》

温燻

《おすすめのチップ》

• サクラ

• ヒッコリー

《メモ》

• にんにく風味の味つけなので、たれや薬味がなくてもおいしい。

• たたき風の仕上がりになるよう、加熱のしすぎには注意しよう。

男前度 ★★★

かつおの燻製

味つけ

① できるだけ空気を抜いて口を閉じ冷蔵庫へ。

乾かす

② 水けをふいてから、網にのせて冷蔵庫で乾燥させる。ラップはしない。

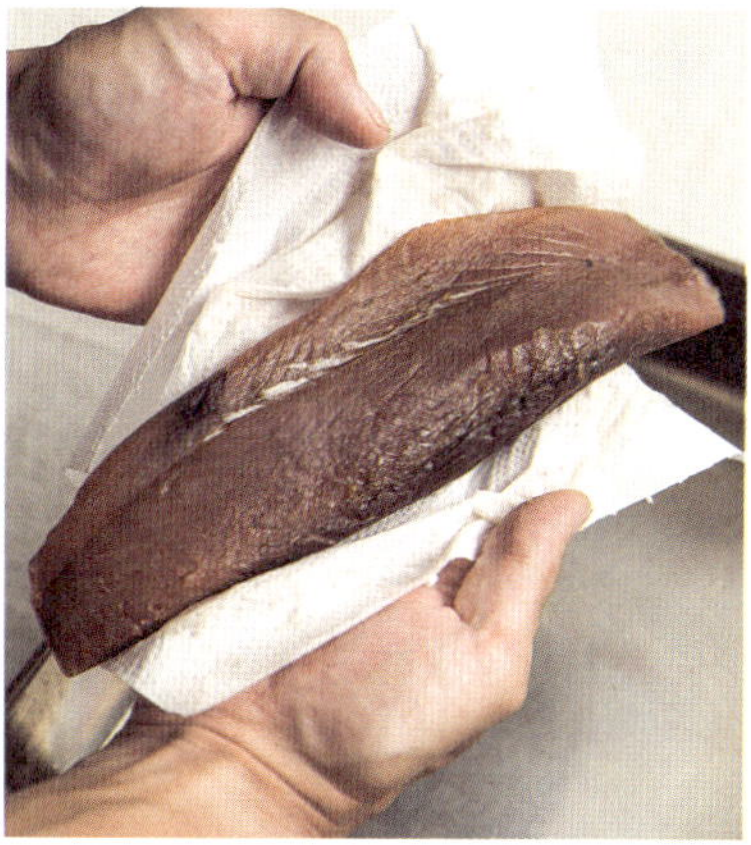

③ 乾燥後。表面を触って水けを感じない乾き具合が目安。

④ チップを入れたスモーカーは、材料をのせずに、まず煙だけ出す。

燻す

⑤ 直前まで冷蔵庫で冷やしておくことで、火がとおりすぎるのを防ぐ。

⑥ 温度を上げすぎないよう、ふたをずらして熱を逃す。

味つけ 乾かす 燻す

あとを引く、やみつきな味

たこの燻製

【材料】
ゆでだこ……………1パック分
〈ソミュール液〉
水……………250ml
塩……………大さじ1
砂糖……………小さじ2

【つくり方】
味 ①たこは食べやすい大きさに切る。ソミュール液の材料を保存袋に合わせたこを入れ、空気を抜いて袋を閉じ冷蔵庫に一晩おく。
乾 ②汁けをきってキッチンペーパーでふき、表面が乾くまで時間をおく。
燻 ③スモーカーをセットし、たこを網にのせて強火にかける。
④煙が出たらふたをして火を弱め、中火で約10分燻す。

男前度 ★★★

たこの燻製

《下ごしらえ時間》
1日

《燻製時間》
5〜10分

《燻製の種類》
温燻

《おすすめのチップ》
・クルミ
・ナラ

《メモ》
・熱がとれてから食べるのがおすすめ。

味つけ　燻す　仕上げ

甘みが引き立つ ほたて燻製のオイル漬け

【材料】

ほたて（刺身用）……………1パック分
塩、こしょう……………各適量
オリーブオイル……………適量

【つくり方】

味 ①ほたては軽く塩、こしょうをふり、5分ほどおく。
②キッチンペーパーで水けをふく。

燻 ③スモーカーをセットし、ほたてを網にのせて強火にかける。
④煙が出たらふたをして火を弱め、中火で、火がとおるまで約10分燻す。

仕 ⑤容器に移し、オリーブオイルをひたひたに注ぐ。

男前度 ★★★

ほたて燻製のオイル漬け

《下ごしらえ時間》
5分

《燻製時間》
5〜10分

《燻製の種類》
温燻

《おすすめのチップ》
・サクラ
・ヒッコリー

《メモ》
・熱いうちにオイルに漬けて、半日後からが食べごろ。
・ほたてと漬けたオイルでサラダやパスタをつくってもおいしい。

味つけ　乾かす　燻す　仕上げ

かきと煙とオイルの旨みがギュっ

かき燻製のオイル漬け

【材料】
生かき……………1パック分
〈ソミュール液〉
水……………125㎖
白ワイン……………125㎖
塩……………大さじ1
砂糖……………小さじ2
オリーブオイル……………適量

【つくり方】
味 ①かきは沸騰した塩水（水500㎖＋塩小さじ1）で8～10分ゆで、ざるにあげ水けをきる。
②ソミュール液の材料を保存袋に合わせかきを入れ、空気を抜いて袋を閉じ、冷蔵庫に一晩おく（A）。
乾 ③汁けをきってキッチンペーパーでふき、網にのせて表面がすっかり乾くまで冷蔵庫におく（B）。
燻 ④スモーカーをセットし、かきを網にのせて強火にかける。
⑤煙が出たらふたをして火を弱め、中火で約15分燻す。
仕 ⑥容器に移し、オリーブオイルをひたひたに注ぐ。

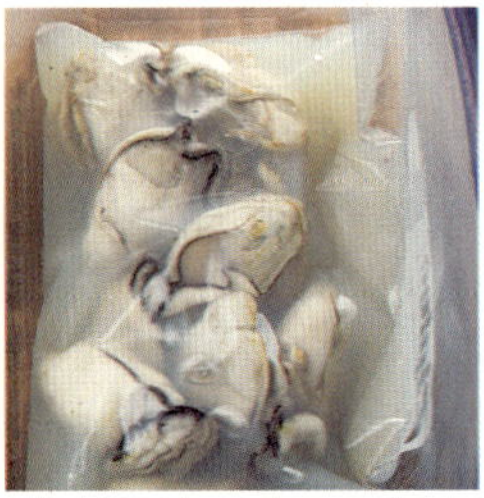
A

B

《下ごしらえ時間》
1日
《燻製時間》
10～15分
《燻製の種類》
温燻
《おすすめのチップ》
・サクラ
・ヒッコリー
《メモ》
・ソミュール液の白ワインは省いて水だけでもいい。
・熱いうちにオイルに漬けて、半日後からが食べごろ。

男前度★★★

かき燻製のオイル漬け

味つけ 乾かす 燻す

これが豆腐？と驚く濃厚な味

豆腐の燻製

【材料】

絹ごし豆腐……1丁

〈漬けだれ〉

味噌……大さじ2

みりん……大さじ3

酒……大さじ3

【つくり方】

①豆腐はキッチンペーパーではさんで網付きバットに入れ、平らなもので重石をする(A)。約半分の高さになるまで、冷蔵庫でゆっくり水をきる（B)。

味 ②たれの材料を保存容器に合わせ、豆腐を入れてまんべんなくたれをかけ（C)、ふたをして冷蔵庫に一晩おく。

乾 ③たれを洗い流してキッチンペーパーでふき、網にのせて表面がすっかり乾くまで冷蔵庫におく。

燻 ④スモーカーをセットし、豆腐を網にのせて強火にかける。⑤煙が出たらふたをして火を弱め、中火で約15分燻す。⑥熱がとれたら、食べやすい大きさに切る。

男前度★★★

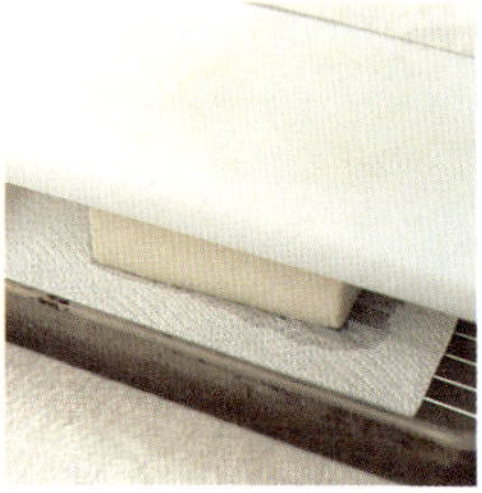

A

B

C

《下ごしらえ時間》

2日

《燻製時間》

10〜15分

《燻製の種類》

温燻

《おすすめのチップ》

・サクラ

・ヒッコリー

《メモ》

・崩れやすい豆腐は、重すぎない重石で時間をかけて水けをきる。

男前度 ★★★

豆腐の燻製

味つけ 乾かす 燻す

トロッと半ナマ仕上げ

赤えびの燻製

【材料】

赤えび（殻付き刺身用）……1パック分

塩……適量

【つくり方】

①えびは洗って汚れを落とし、殻をむき背ワタを取る。

味 ②キッチンペーパーで水けをふいて塩をふる。

乾 ③網にのせて表面が乾くまで時間をおく。

燻 ④スモーカーをセットし、えびを網にのせて強火にかける。

⑤煙が出たらふたをして火を弱め、中火で約10分燻す。

《下ごしらえ時間》

15分

《燻製時間》

5〜10分

《燻製の種類》

温燻

《おすすめのチップ》

・サクラ

・ヒッコリー

《メモ》

・熱いうちに食べるのがおいしい。

・半生がおいしいので、火のとおしすぎに注意。

男前度★★★

赤えびの燻製

味つけ　燻す

塩、こしょうだけでこのウマさ
ローストビーフ

【材料】

牛かたまり肉（モモ肉）…　500g
塩、こしょう……………各適量
オリーブオイル…………適量
にんにく（薄切り）………1かけ分
しょうゆ、赤ワイン………各大さじ2

【つくり方】

味 ①常温にもどした牛肉は、こしょう、塩の順に味をつける。
②フライパンに油とにんにくを入れて火にかけ、香りが出たらにんにくを取り出す。牛肉を入れ、全面に焼き色をつける（A）。

燻 ③スモーカーをセットし、牛肉を網にのせて強火にかける。
④煙が出たらふたをして火を弱め、弱火でじっくり燻す。
⑤肉の厚み、大きさで火のとおりが変わるので、10分をめどに具合を確認する。肉を押してみて弾力があるくらいが仕上がりの目安（B）。
⑥肉を焼いたフライパンににんにくをもどして弱火にかけ、赤ワイン、しょうゆをひと煮立ちさせてソースをつくる。

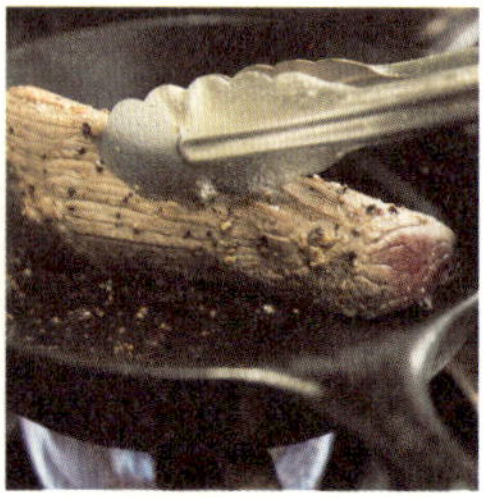
A

B

《下ごしらえ時間》
10分

《燻製時間》
10分～

《燻製の種類》
温燻

《おすすめのチップ》
・サクラ
・ヒッコリー

《メモ》
・しっとりレアに仕上がるよう、火かげん、加熱時間に注意！
・火のとおり具合が心配なら、肉の中心温度を測る。54～60℃を目指すといい。

男前度★★★

ローストビーフ

味つけ 乾かす 燻す 仕上げ

時間をかけたぶんだけおいしい

鶏モモ肉のコンフィ

【材料】

鶏モモ肉……………………2本

塩、こしょう………………各適量

オリーブオイル……………適量

【つくり方】

味 ①鶏肉はフォークや金ぐしなどで全体に穴をあける。

②塩、こしょうをまんべんなくすりこんで、保存袋に入れて1時間おく。

乾 ③キッチンペーパーで水けをふき、網にのせて表面がすっかり乾くまで時間をおく。

燻 ④スモーカーをセットし、鶏肉を網にのせて強火にかける。

⑤煙が出たらふたをして火を弱め、弱めの中火で約10分燻す。ここでは、中まで火をとおさなくてよい。

仕 ⑥鶏肉を鍋に移し、オリーブオイルをひたひたに注ぎ弱火にかけ、約30分煮る（A）。

⑦食べる直前にフライパンで揚げ焼きにして、皮をパリッと仕上げる。皿に盛りベビーリーフ（分量外）を添える。

男前度 ★★★

鶏モモ肉のコンフィ

A

《下ごしらえ時間》

1時間

《燻製時間》

10〜15分

《燻製の種類》

温燻

《おすすめのチップ》

・クルミ

・ナラ

《メモ》

・オイル煮は低温で。鍋の中が沸いたようになったら火を止めて冷ましてから、再び火をつけるといい。

・オイルに漬けた状態で保存可能。食べるときに取り出し、揚げ焼きにする。

男前度 ★★★

鶏モモ肉のコンフィ

男前度★★★★

OTKM 4

じっくり取り組む本格燻製

ここでは、じっくり時間をかけて取り組みたい、燻製の定番レシピを紹介する。とはいえ、味つけも手順もシンプルな男前燻製だから、何週間もの時間がかかるレシピはなし！短い時間と少ない手間で手づくりならではの味となる、本格的なのに手軽なレシピばかりだ。「とにかくベーコンがつくりたい！」という人なら、いきなり挑戦してもきっとうまくできるはず！

OTOKOMAE
SMOKE COOKING RECIPES
by BASE CAMP A-suke

自家製ベーコン

→つくり方は p.096

味つけ ＞ 塩抜き ＞ 乾かす ＞ 燻す

家でつくれば格別の味

自家製ベーコン

【材料】
豚バラ肉ブロック……………500g
塩……………………大さじ1
こしょう…………………適量

【つくり方】
①豚肉はキッチンペーパーで水けをふき、フォークや金ぐしなどで全体に穴をあける。
味 ②こしょう、塩の順にまぶす。
③塩、こしょうをまんべんなくすりこむ。
④豚肉をバットや皿にのせ、ラップをふんわりかけてから、重石をして冷蔵庫に一晩おく。
抜 ⑤塩、こしょうを水で洗い流してキッチンペーパーで水けをふき、網にのせて表面がすっかり乾くまで冷蔵庫におく。
乾 ⑥スモーカーをセットし、豚肉を網にのせて強火にかける。
燻 ⑦煙が出たらふたをして火を弱め、強めの中火で約40分燻す。

HOMEMADE IS THE BEST!

《下ごしらえ時間》
1日半

《燻製時間》
30～40分

《燻製の種類》
熱燻

《おすすめのチップ》
・サクラ
・ヒッコリー

《メモ》
・冷めてもおいしいが、まずは、自家製ならではのできたてのウマさを味わおう。
・ベーコンを使った料理も楽しんで！

①穴をあけるのは、味をしみこませるためと、繊維を断ち切るため。

味つけ

②こしょうを先にまぶしたほうが、しっかり風味がつく。

③まんべんなく、側面も忘れずにすりこむ。

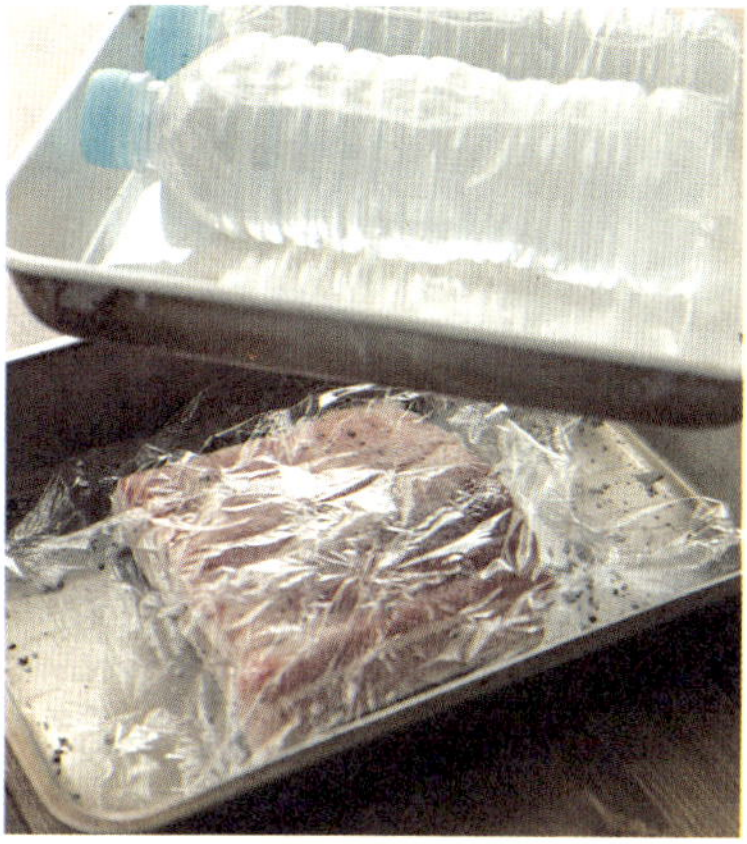

④味を入れながら、重石をして水分を抜く。

抜 乾

⑤流水で調味料を洗い流してから、しっかり乾燥させる。

燻す

⑥肉を燻すときは、脂身を下にして網にのせて燻す。

味つけ 塩抜き 乾かす 燻す

濃い肉の味がクセになる

イノシシベーコン

【材料】

猪肉…………………500g
塩……………………大さじ1
こしょう……………適量

【つくり方】

①猪肉はキッチンペーパーで水けをふき、フォークや金ぐしなどで全体に穴をあける。

味 ②こしょう、塩の順にまぶして、よくすりこむ。

③猪肉をバットや皿にのせ、ラップをふんわりかけてから、重石をして冷蔵庫に一晩おく。

抜 ④塩、こしょうを水で洗い流してキッチンペーパーで水けをふき、網にのせて表面がすっかり乾くまで冷蔵庫におく。

乾 ⑤スモーカーをセットし、猪肉を網にのせて強火にかける。

燻 ⑥煙が出たらふたをして火を弱め、強めの中火で約40分燻す。

男前度 ★★★★ イノシシベーコン

《下ごしらえ時間》

1日半

《燻製時間》

30〜40分

《燻製の種類》

熱燻

《おすすめのチップ》

・サクラ
・ヒッコリー

《メモ》

・肉の厚さで塩味のつき方が変わるので、厚ければ多め、薄ければ少なめに調整する。

男前度
★★★★
イノシシベーコン

味つけ 塩抜き 燻す 仕上げ

厚切り、薄切り、食べ放題

自家製ロースハム

【材料】

豚肩ロース肉ブロック……500g
塩……小さじ2
こしょう……適量

【つくり方】

味 ①豚肉はキッチンペーパーで水けをふき、フォークや金ぐしなどで全体に穴をあける。
②塩、こしょうをまんべんなくすりこみ、保存袋に入れて空気を抜いて口を閉じ、冷蔵庫に一晩おく。

乾 ③塩、こしょうを水で洗い流してキッチンペーパーで水けをふき、網にのせて表面がすっかり乾くまで冷蔵庫におく。
④乾燥させた豚肉は形を整え、たこ糸で縛る（A）。

燻 ⑤スモーカーをセットし、豚肉を網にのせて強火にかけ、煙が出たらふたをして火を弱め、弱火で約15分燻す。

仕 ⑥鍋に70℃の湯を沸かし、粗熱をとった豚肉を入れ、80℃を超えないよう30分～1時間ゆでる（B）。

A

B

《下ごしらえ時間》
1日半

《燻製時間》
10～15分

《燻製の種類》
温燻

《おすすめのチップ》
・サクラ
・ヒッコリー

《メモ》
・高温でゆでると「ゆで豚」になってしまうので、80℃以下の低温で長時間ゆでるのがコツ。

男前度★★★★ 自家製ロースハム

味つけ 塩抜き 燻す

鶏ムネ肉がこんなにしっとり
自家製鶏ハム

【材料】
鶏ムネ肉……………1枚
塩……………小さじ1
白こしょう……………適量

【つくり方】
味 ①鶏肉は皮を取り、塩、こしょうをすりこむ。
②保存袋に入れて空気を抜いて口を閉じ、冷蔵庫に一晩おく。
乾 ③塩、こしょうを水で洗い流してキッチンペーパーで水けをふき、円柱状に形を整えながらラップでぴっちりと二～三重に巻く（A）。
④大きめの鍋にたっぷりの湯を沸かし、沸騰したら火を止めラップを巻いたまま鶏肉を入れてふたをし、冷めるまでおく。
燻 ⑤スモーカーをセットし、ラップをはがした鶏肉を網にのせて（B）強火にかける。
⑥煙が出たらふたをして火を弱め、中火で約10分燻す。

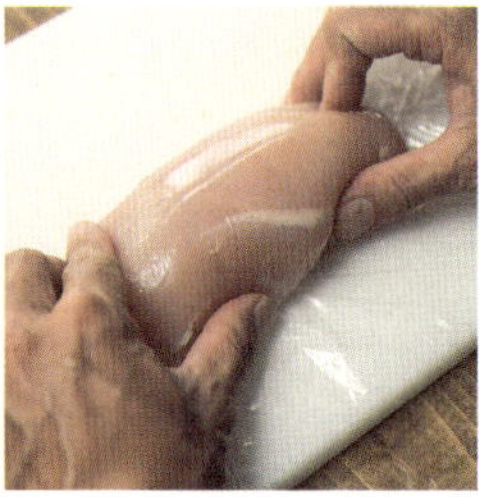
A

B

《下ごしらえ時間》
1日

《燻製時間》
5～10分

《燻製の種類》
温燻

《おすすめのチップ》
・クルミ
・ナラ

《メモ》
・加熱しすぎるとパサパサになるので、たっぷりの熱湯に入れ冷めるまでおく、低温調理の要領でゆでる。
・燻すのは香りをつける程度の短時間でいい。

男前度★★★★ 自家製鶏ハム

味つけ 乾かす 燻す

いろんな味が楽しめる贅沢
4種のジャーキー

【材料】
牛肉（モモ、スネ肉など）、鹿肉……適量
〈漬け汁〉
赤ワイン……大さじ3
しょうゆ、水……各大さじ2
はちみつ、塩……各大さじ1
にんにく（チューブ）……2㎝
唐辛子（輪切り）……2本分
こしょう……適量
豚肉（モモ肉など）……適量
〈漬け汁〉
しょうゆ……大さじ3
みりん……大さじ2
鶏ササミ……適量
〈漬け汁〉
しょうゆ、みりん……各大さじ3

男前度★★★★

【つくり方】
①肉はそれぞれ、薄くそぎ切りにする（A）。

味 ②漬け汁の材料を保存袋に合わせてそれぞれの肉を入れ、空気を抜いて口を閉じ、冷蔵庫に一晩おく（B）。

乾 ③汁けをきってキッチンペーパーで水けをふき、網にのせて水分が抜けて肉が縮むまで1〜2日、冷蔵庫におく（C）。吊るして干してもいい。

燻 ④スモーカーをセットし、肉を網にのせて強火にかける。
⑤煙が出たらふたをして火を弱め、中火で約15分燻す。

A

B

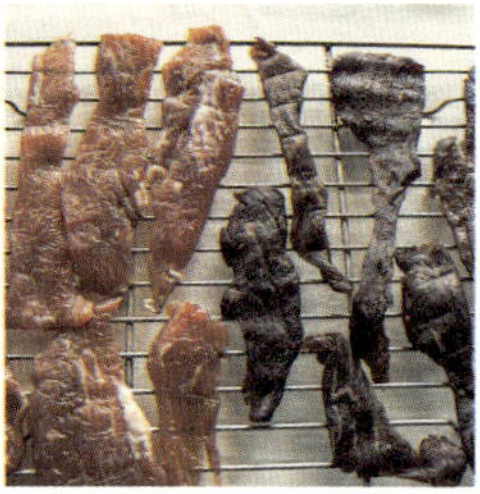
C

《下ごしらえ時間》
3日

《燻製時間》
10〜15分

《燻製の種類》
温燻

《おすすめのチップ》
- サクラ
- ヒッコリー
- クルミ
- ナラ

《メモ》
- 肉は、脂身の少ない繊維の強い部位が向く。手に入りにくいが腕肉はジャーキー向き。
- 肉の部位、乾燥具合でソフトにもハードにも好みに仕上げられる。

味つけ　乾かす　燻す

釣りのあとのおいしい楽しみ
にじますの燻製

【材料】
にじます……………5〜6尾
〈ソミュール液〉
水……………750ml
塩……………40g
砂糖……………25g

【つくり方】
①にじますは腹ワタを出し、水で洗う。
味 ②保存容器か袋にソミュール液をつくり、にじますを入れてふたをして冷蔵庫に一晩おく（A）。
乾 ③汁けをきってキッチンペーパーで水けをふき、腹につまようじを渡して開く。アゴにたこ糸を通して輪に結び、風通しのよい場所に吊るして、腹の中までしっかり乾燥させる（B）。
燻 ④スモーカーをセットし、にじますを網にのせて強火にかける。
⑤煙が出たらふたをして火を弱め、強めの中火で約15分燻す。

男前度 ★★★★

A

B

《下ごしらえ時間》
1日半

《燻製時間》
10〜15分

《燻製の種類》
熱燻

《おすすめのチップ》
・リンゴ

《メモ》
・できたてがウマイ！
・気温が高い時期は、吊るさず冷蔵庫で乾燥させる。

男前度★★★★　にじますの燻製

味つけ 塩抜き 乾かす 燻す

いつかはつくりたい!

スモークサーモン

【材料】

鮭(刺身用)……………1さく
塩、こしょう…………各適量
ディル…………………1枝

【つくり方】

味 ①鮭は塩、こしょうをふって全体になじませ、ディルをのせてキッチンペーパーとラップで包み(A)、冷蔵庫に一晩おく。

抜 ②塩、こしょうを水で洗い流してキッチンペーパーで水けをふき、

乾 網にのせて表面がすっかり乾くまで冷蔵庫におく。

燻 ③スモーカーの底に火をつけたスモークウッドを置き(B)、網をセットして鮭をのせる。

④ふたをして約15分燻す。温度が上がって鮭に火がとおらないように気をつける。

B

A

《下ごしらえ時間》
1日

《燻製時間》
10~15分

《燻製の種類》
冷燻

《おすすめのチップ》
・クルミ
・ナラ

《メモ》
・温度を上げたくない冷燻はスモークウッドを使うといい。

男前度★★★★ スモークサーモン

味つけ 乾かす 燻す

ワインのお供にぴったり
うなぎの燻製

【材料】
うなぎ白焼き……………… 1尾分
〈漬け汁〉
しょうゆ…………… 大さじ3
赤ワイン…………… 大さじ3

【つくり方】
味 ①漬け汁の材料（A）を保存袋に合わせうなぎを入れ、空気を抜いて口を閉じ、冷蔵庫に一晩おく。
乾 ②汁けをきってキッチンペーパーで水けをふき、網にのせて表面が乾くまで時間をおく（B）。
燻 ③スモーカーをセットし、うなぎを網にのせて強火にかける。
④煙が出たらふたをして火を弱め、中火で約10分燻す。

B

A

《下ごしらえ時間》
1日

《燻製時間》
5～10分

《燻製の種類》
温燻

《おすすめのチップ》
・クルミ
・ナラ

《メモ》
・温かいほうがおいしいが切り分けにくいので、冷ましてから切って再加熱してもいい。

男前度★★★★ うなぎの燻製

味つけ 燻す 仕上げ

燻したワタで風味が増す

いかワタ燻製の塩辛

【材料】

いか（するめいか、やりいかなど刺身用）……2尾分

塩……適量

【つくり方】

①いかはワタをていねいに取り出し、軟骨は取り除く。足、エンペラを外して、身は切り開き、皮をむいてきれいにする。

味 ②ワタと身、それぞれに多めの塩をふり、網にのせて冷蔵庫に一晩おく。

③アルミ箔で皿をつくり、キッチンペーパーで水けをふいたワタだけをのせる（A）。

燻 ④スモーカーをセットし、ワタを網にのせて強火にかける。

⑤煙が出たらふたをして火を弱め、中火で約10分燻す。

仕 ⑥熱がとれたらワタの中身をしごき出す（B）。

⑦いかの身を食べやすい大きさに切り、ボウルに入れてワタとあえる（C）。

A

B

C

《下ごしらえ時間》

1日

《燻製時間》

5～10分

《燻製の種類》

温燻

《おすすめのチップ》

・サクラ
・ヒッコリー

《メモ》

・足やエンペラもあえてもいい。

・身の皮をむかない「赤造り」、いかスミをあえる「黒造り」も、それぞれ風味が違っておいしい。

男前度★★★★
いかワタ燻製の塩辛

味つけ 乾かす 燻す 仕上げ

自家製ソーセージ

あふれる肉汁に感激！

男前度 ★★★★

【材料】
豚ひき肉……………400g
豚の背脂……………25g
塩、こしょう………各小さじ1
砂糖…………………小さじ1
氷水…………………150ml
羊腸（ケーシング）…2m程度

【つくり方】
○下ごしらえ
羊腸は水につける。豚の背脂はみじん切りにする。

①大小のボウルを重ね、外側のボウルに氷（分量外）を入れて、内側のボウルを冷やす。

味
②内側のボウルに冷蔵庫から出したひき肉、背脂、塩を入れ、氷水を少しだけ残して注ぐ。

③ボウルを冷やしたまま手早く肉をこねる。

④粘りが出てまとまってきたら砂糖、こしょうを加える。

①
温度を上げないよう、ボウルを二重にして氷で冷やしながら作業する。

味つけ
②
肉に注ぐ水もキンキンに冷えた氷水を使う。

③
できれば手も冷やしながら、手早くこねる。

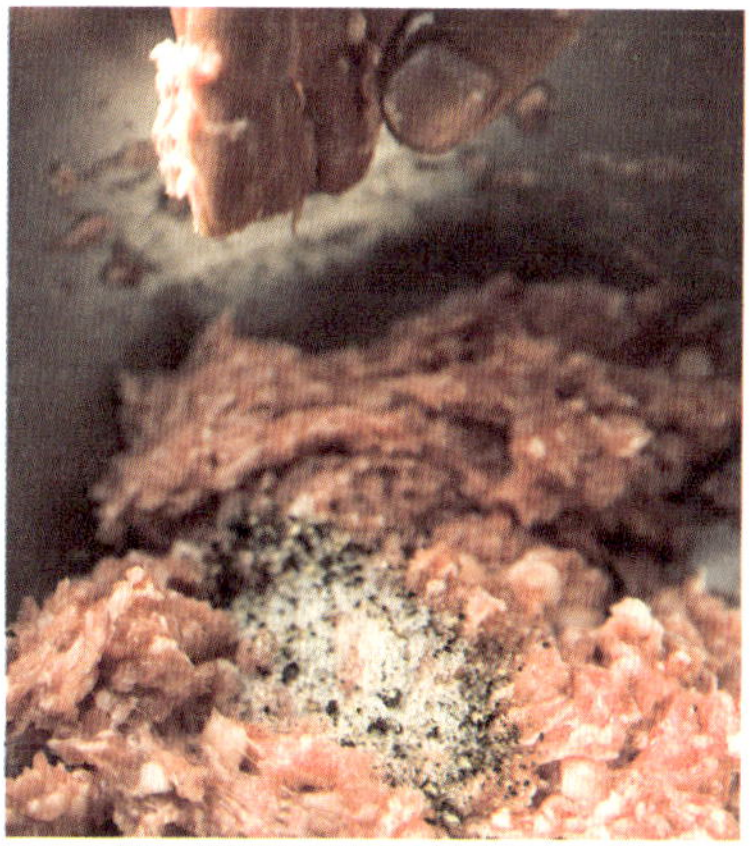

④
粘りが出たら砂糖、こしょうを加える。好みでハーブ類を加えてもいい。

男前度★★★★　自家製ソーセージ

⑤残りの水を足し、肉に一体感が出るまでこねる。ボウルを逆さにしても落ちないくらいになったらOK。

⑥ソーセージメーカー(スタッファー)の口金に羊腸をセットし先端を結ぶ。

⑦スタッファーに肉を詰め、絞り出す。

⑧全部の肉を絞り出したら、羊腸を15cmほど残してカットする。

⑨先端から2本目になる部分の両端を指で潰すように押さえながら、回転させて両端をねじる。これをすべてに繰り返す。

乾

⑩網にのせて少し乾かしてから、吊るして皮に水けがなくなりハリが出るまで乾燥させる。乾燥したら、ねじり目で1本ずつ切り分ける。

燻

⑪スモーカーをセットし、ソーセージを網にのせて強火にかける。煙が出たらふたをして火を弱め、中火で約20分燻す。

仕

⑫70~80℃に沸かした湯で約20分ゆで、湯からあげて落ち着かせる。

⑤ よく混ぜて結着させないと、ボソボソとした仕上がりになってしまう。

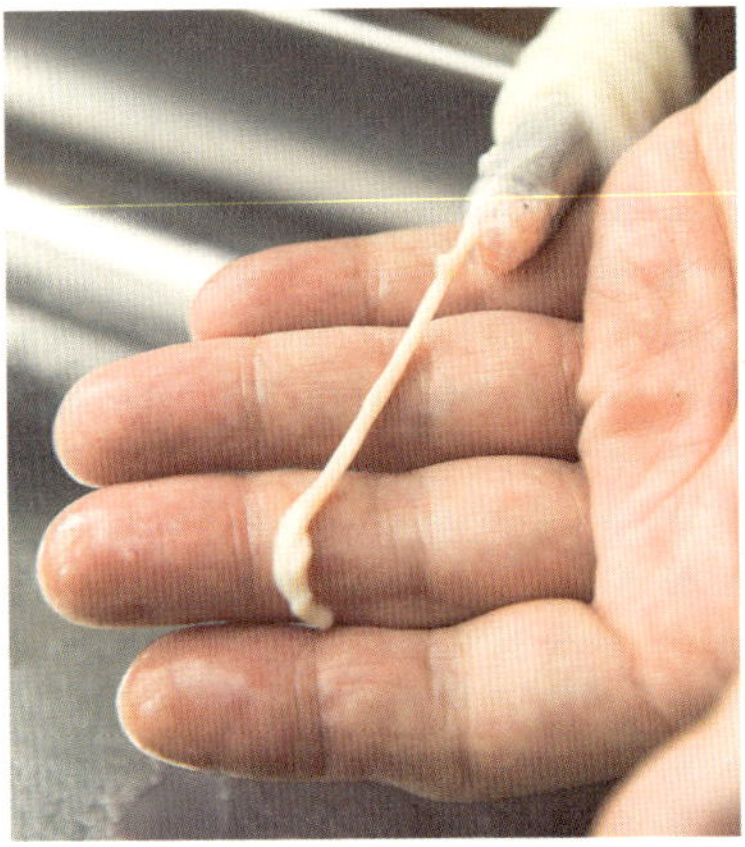

⑥ 口金に腸を履かせるようにたぐりあげ、先端は固結びに。

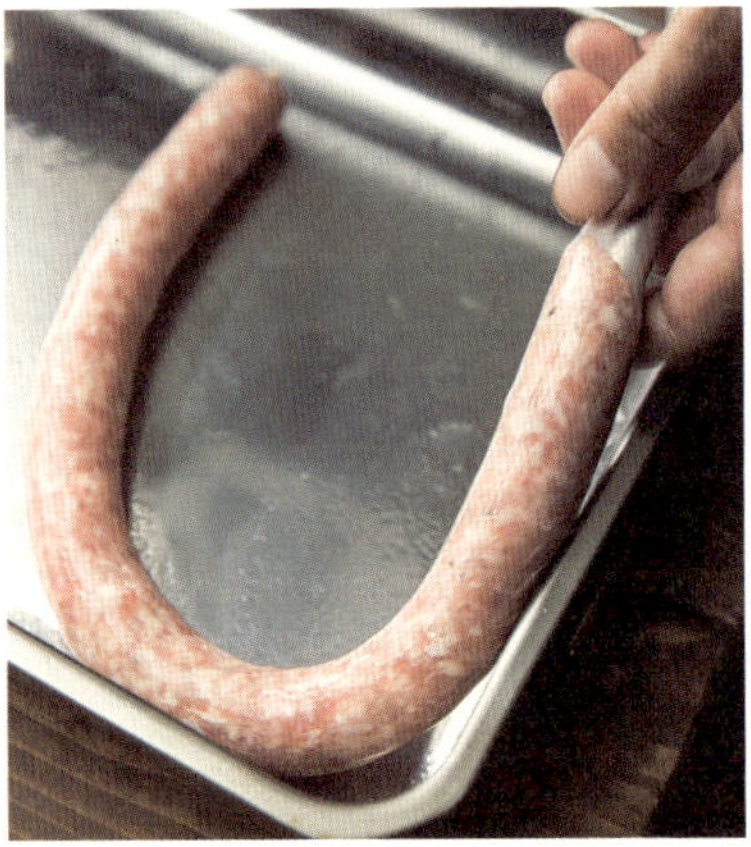

⑦ 左手で腸を送りながら、右手で絞る。パンパンに詰めすぎないこと。

⑧ ねじって肉が動いたときのために、余裕を残して切る。

《下ごしらえ時間》
1日
《燻製時間》
10〜20分
《燻製の種類》
温燻
《おすすめのチップ》
• サクラ
• ヒッコリー
《メモ》
• 肉だねづくりは、とにかく冷やすのがコツ。最初に塩と肉だけで練って粘りをだす。
• ソーセージメーカー（スタッファー）はぜひ用意したい。
• ボイルしたあと、フライパンやトースターで焼いてもおいしい。

⑨両手でつまんで回転させ、両端を一度にねじるといい。

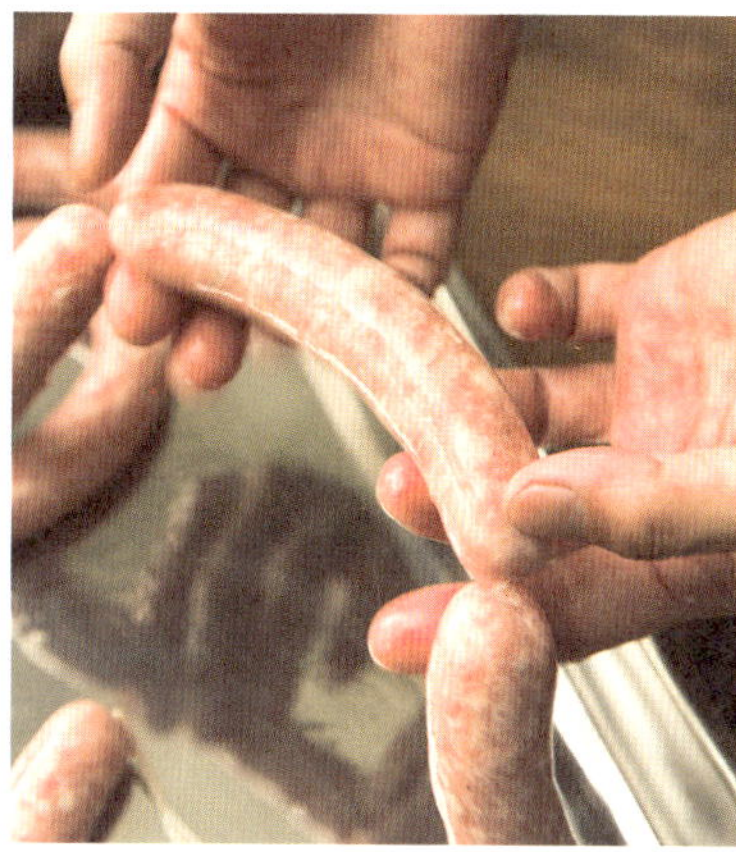

乾かす
⑩網にのせたまま乾かしても、吊って乾かしてもお好みで。

燻す
⑪スモーカー内部が70℃を超えない温度で燻したい。

ゆでる
⑫ボイルは70℃以上で、80℃を超えないよう温度管理を。

男前燻製のきほん

燻製は簡単で、そしておいしい！

味つけも工程もシンプルに、男らしく潔く、無駄を省いて簡単に。それが男前燻製だ。

古くは食料がとれない時期に備えた保存食だった燻製だが、家には冷蔵庫があり、一年中新鮮な食材が手に入る現代には、保存性よりも手軽さやおいしさを重視してもいいはず。また漬けこみに数日、さらに数日乾燥させてから、温度を見守って数時間燻すというレシピは、燻製のおいしさを味わうにも、趣味として燻製を楽しむにも、どうにもハードルが高い。

男前燻製は、煙の香りをまとわせた食材のおいしさを手軽に味わえるよう、一番手間のかかる工程でも週末2日で完成させられる。簡単なものなら食材をそろえて10分もあれば完成だ。味つけも工程もシンプルなうえ、ときには仕上げの工程を加えた、失敗しにくいレシピばかりなので、はじめての人も気軽に挑戦してほしい。

使うコンロやスモーカー、食材の状態によって最適な味つけや火かげん、燻製時間は異なるので、ときには失敗することもあるが、それは次回への課題として失敗をおそれず簡単な燻製からはじめてみよう。いろいろ試してみるのも楽しいものだ。

基本さえ押さえれば、いろいろな食材にアレンジできる。自分でとった魚や肉を使うのは、燻製づくりの大きな楽しみのひとつだ。数々試した経験上、ご飯やパンなどの炭水化物、和風だし味の食材との相性はイマイチ。煙の香りの特性上「ご飯がすすむおかず風味」というよりも「お酒がすすむおつまみ風味」になるのは燻製の宿命だ。とはいえお酒がなくてもおいしいので、日々の食卓にもぜひ！

男前燻製きほん

準備編 1

燻製の種類

火にかけ煙を出すと同時に、食材の加熱も行うのが燻製調理。しっかり火をとおしたい、しっとりレアに仕上げたい、目的によって燻し方が変わり、そのタイプは大きく分けると熱・温・冷の3種類。さらに、さっと香りをつけるだけの「瞬間燻製」も加えた4タイプの特徴を紹介する。

手軽にできる 熱燻

高温で食材に火をとおしながら香りをつける方法。長く燻しすぎると煙の香りがきつくなることも。特に中までしっかり火を通したい生肉から調理するレシピなどに向いている。

汎用性の高い 温燻

中温でゆっくり燻す、いちばんポピュラーな方法。加熱しすぎないので食材がふっくらジューシーに仕上がる。男前燻製の燻し時間は、長くても1時間以下。もう少し食材に火をとおしたいときには、グリルや低温オイル煮など、仕上げの工程を加えている。

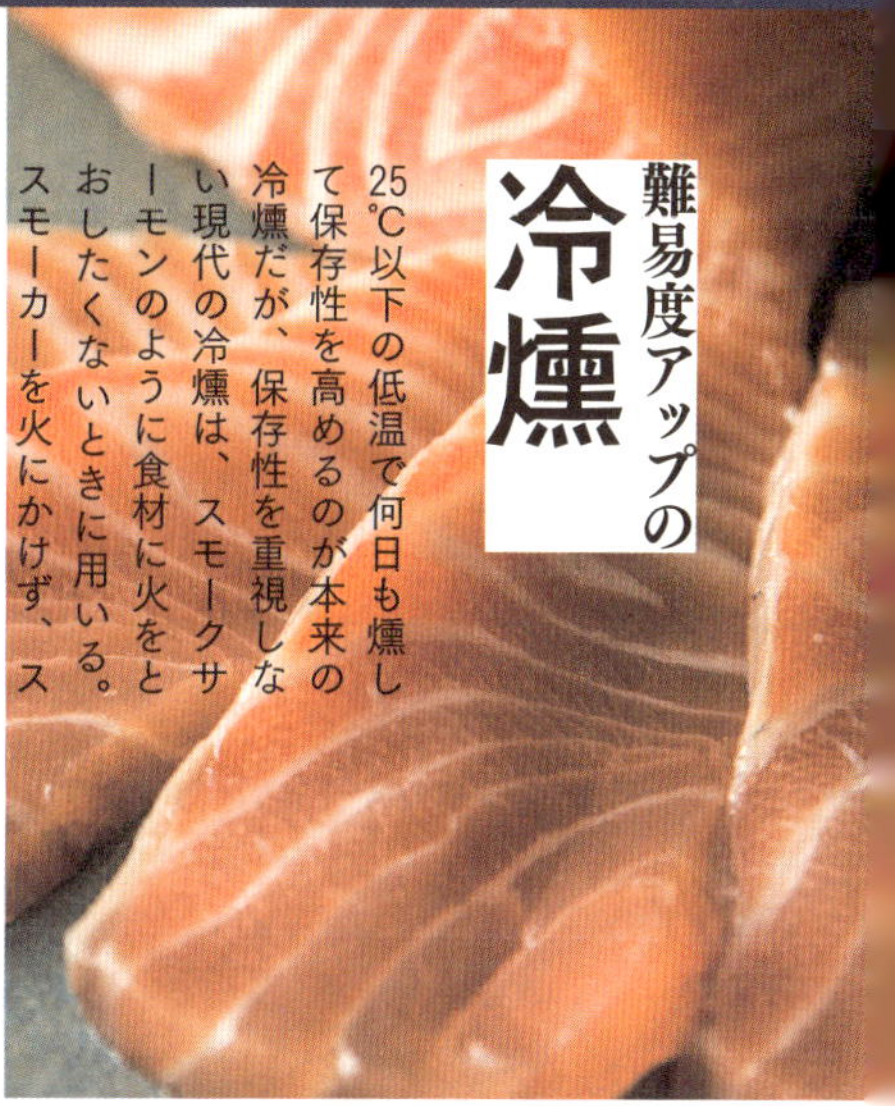

難易度アップの 冷燻

25℃以下の低温で何日も燻して保存性を高めるのが本来の冷燻だが、保存性を重視しない現代の冷燻は、スモークサーモンのように食材に火をとおしたくないときに用いる。スモーカーを火にかけず、スモークウッドを使うことで低温環境をつくる。

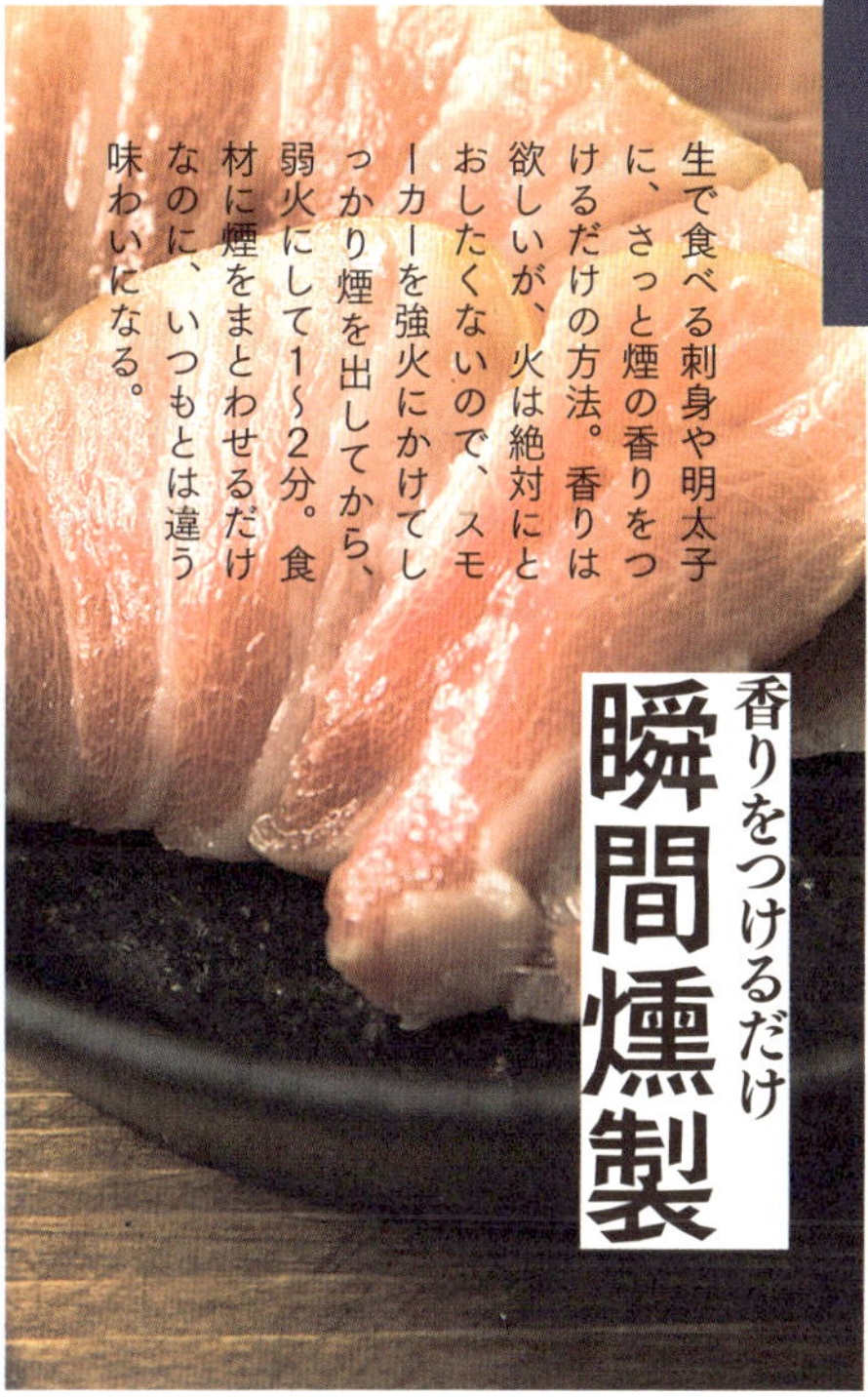

香りをつけるだけ 瞬間燻製

生で食べる刺身や明太子に、さっと煙の香りをつけるだけの方法。香りは欲しいが、火は絶対にとおしたくないので、スモーカーを強火にかけてしっかり煙を出してから、弱火にして1~2分。食材に煙をまとわせるだけなのに、いつもとは違う味わいになる。

男前燻製のきほん

準備編 2

スモーカーの種類

燻製をつくる道具がスモーカー。底にチップを入れて火にかけるという仕組みは、どんなタイプも同じなので、家にある鍋と網を使っても燻製ができる。小さなものは、スモーカー内の温度が高くなるため熱燻向き。大きなものほど低温で使うことができる。

横型タイプ

さんまも丸ごと入る、使い勝手のよいサイズで、男前燻製にちょうどいい。網が2段（左上）と脂受けのトレー付き（左下）。［スノーピーク・コンパクトスモーカー］

縦型タイプ

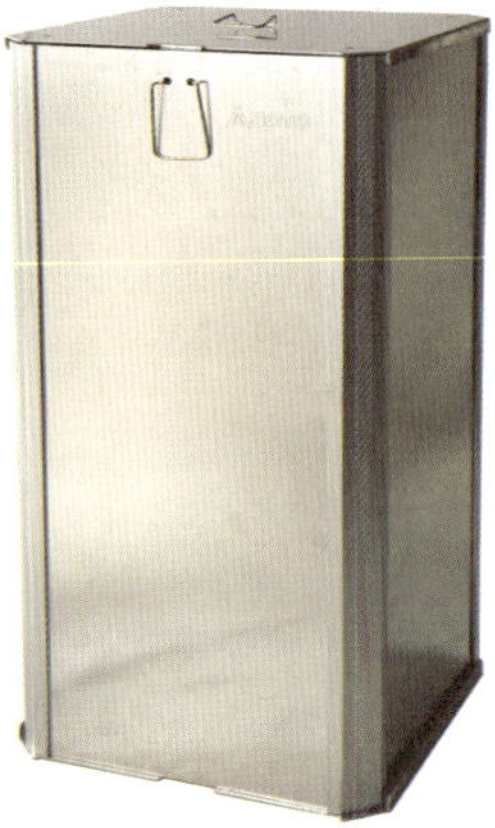

魚やソーセージなどを吊るして燻すなら縦型タイプ。熱源と食材を離せるので、ゆっくり加熱できる。［SOTO／たくみ香房］

土鍋タイプ

保温力のある土鍋タイプは加熱後火を止め、余熱で燻すという使い方もできる。［SOTO／スモークポット］

スモーカーがなくても

中華鍋や鉄のフライパンなど、空焚きOKの鍋に網を組み合わせればスモーカーとして使える。高さのあるものを入れたいときは、ステンレスボウルをふたとして使うとちょうどいい。

男前燻製のきほん

準備編 3

スモークチップの種類

スモークチップに使われるのは、香りのよい木材。サクラとヒッコリーは強めの香り、クルミとナラはあっさりめの香りだが、この4点はいずれもオールマイティーに使うことができる。ほかにブナやウイスキーの樽を原料としたウイスキーオークなどの種類もある。

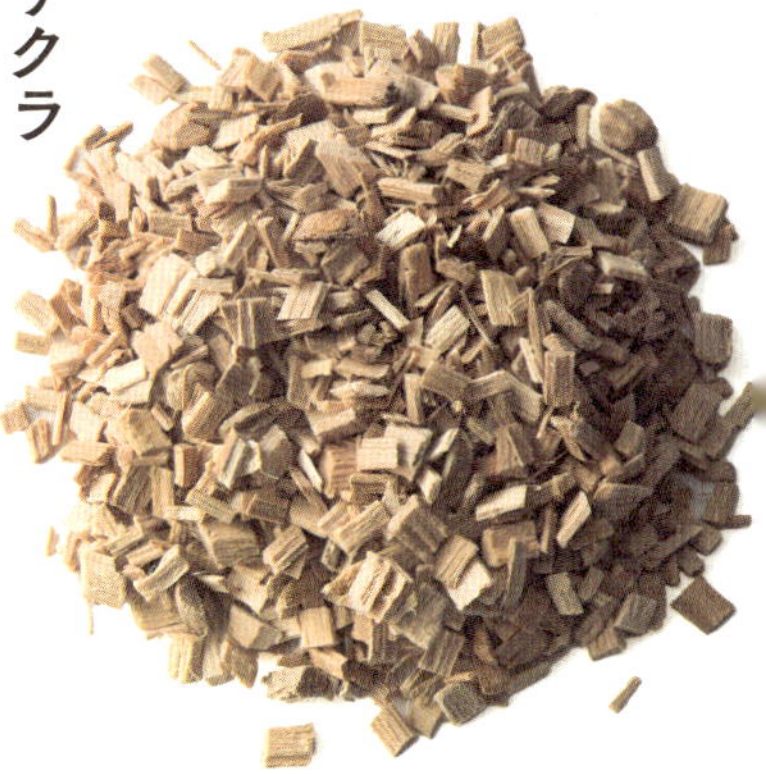

サクラ

香りが強く、特に肉に合う。淡白な食材には香りが強すぎることも。

ヒッコリー

くせのないよい香りが特徴で、どんな食材にも合う。

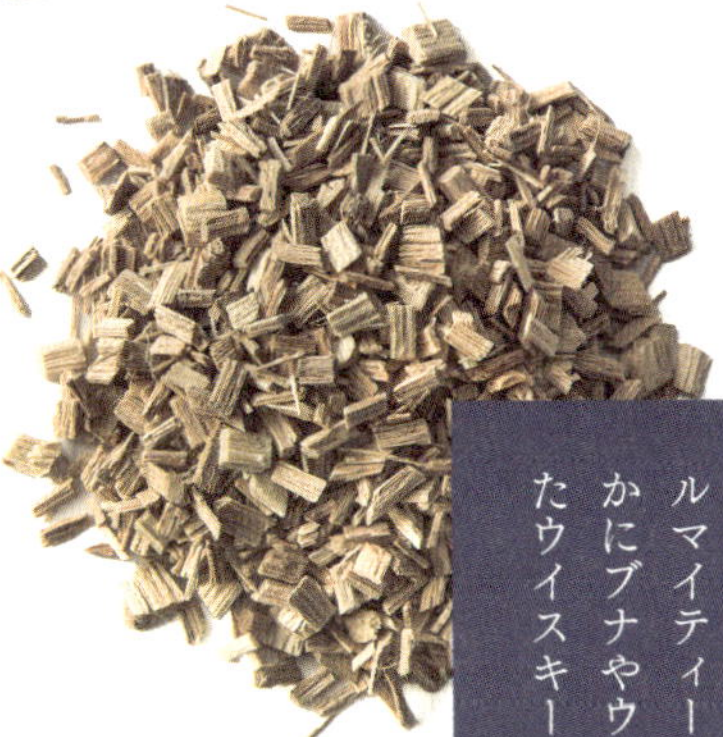

クルミ

サクラやヒッコリーよりもマイルドで、特に魚に合う。

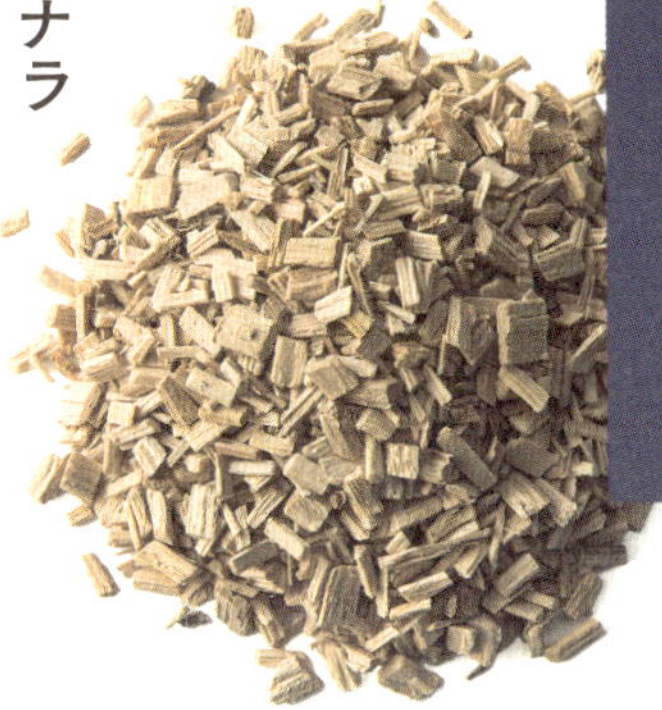

ナラ

クセがなく、色づきも弱いので長時間燻すのにも向いている。

リンゴ

甘い香りで少しくせがあるので、白身魚や鳥ササミなど、さっぱりした食材に合う。

スモークウッド

木粉を固めたスモークウッドは、直接火をつけて煙を出して使う。温度を上げたくない冷燻には、こちらが向いている。樹種はチップ同様にいろいろそろっている。

ブレンド

はじめて使うならハズレなし。慣れてきたら自分でブレンドするのも楽しい。

男前燻製のきほん

実践編 1

下ごしらえのポイント

燻製づくりだから燻す工程がメインなのだが、それ自体はとてもシンプルで簡単な作業。味を決め、失敗を防ぎ、最高の燻製を目指すために大切なのは、やっぱり下ごしらえだ。ここが適当だと、味が濃い薄い、えぐい、酸っぱいなどの失敗が起こりやすい。特に大事なポイントをおさらいしよう。

シンプルなレシピから

味をつけるときにハーブやスパイスで香りをつけるレシピもあるが、まずは、ほかの香りはつけずに、煙の香りをストレートに楽しもう。味つけも塩、こしょうだけのシンプルなレシピからスタートするのがいい。そうして煙の香りを理解できれば、次に合わせたい味や香りが見つかるだろう。

水分はなるべく取り除く

水分を取り除くのには、保存性を高めるためでもあるが、保存食ではない現代の燻製では、えぐみや酸味を防ぐ役割が大きい。表面の水分を取るなら、風に当てたりするよりも、キッチンペーパーでふくのが手っとり早いし、確実。もっと乾燥させたいときは、干したり冷蔵庫へ入れたりする。

塩・こしょうはこしょうから

かたまり肉など塩を多めにすりこむレシピは、塩の上からだとこしょうの風味がしみこみにくい。そうした場合は、こしょう、塩の順にふるといい。もっとこしょうの香りを楽しみたいなら、加熱後の「追い」こしょうを。ただし煙の香りを邪魔しない程度にしておこう。

かたまり肉にはフォークで穴を

分厚い肉や脂身のあるバラ肉、皮のある鶏肉や鴨肉は、塩味がしみこみにくいので、はじめにフォークや金串で穴をあけておくといい。これには繊維を断ち切る役割もあるため、繊維の方向を考えながら刺すことができればベターだ。手羽先など小さな肉は穴をあけるのではなく塩を多めに使う。

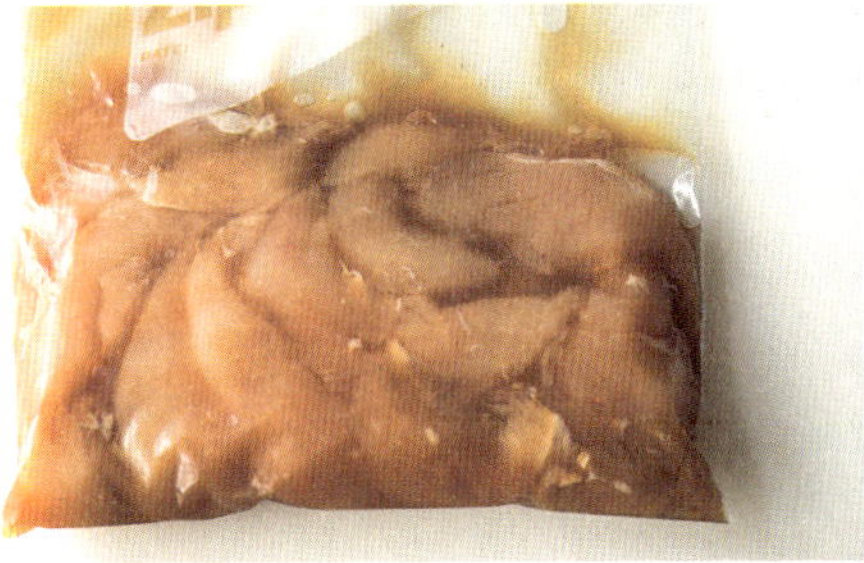

保存袋は空気を抜いて

味をつけて一晩おくときなど、保存袋に入れたら、できるだけ中の空気を抜いて口を閉じる。こうしておけば味がまんべんなく行き渡る。コンテナなどの保存容器でまんべんなく行き渡らせるのが難しいときは、たれをまぶしてからキッチンペーパーやラップでくるんでおくといい。

常温にもどしておくのが基本

燻しながら食材を加熱するため、食材が冷えていると、香りは十分ついたが、肉の中心が生ということにもなってしまう。特別なレシピを除いては、冷蔵庫から出して30分ほど室温におき、常温にもどしてから燻すこと。冷えたまま加熱すると結露も起こりやすく、えぐみや酸味の元になる。

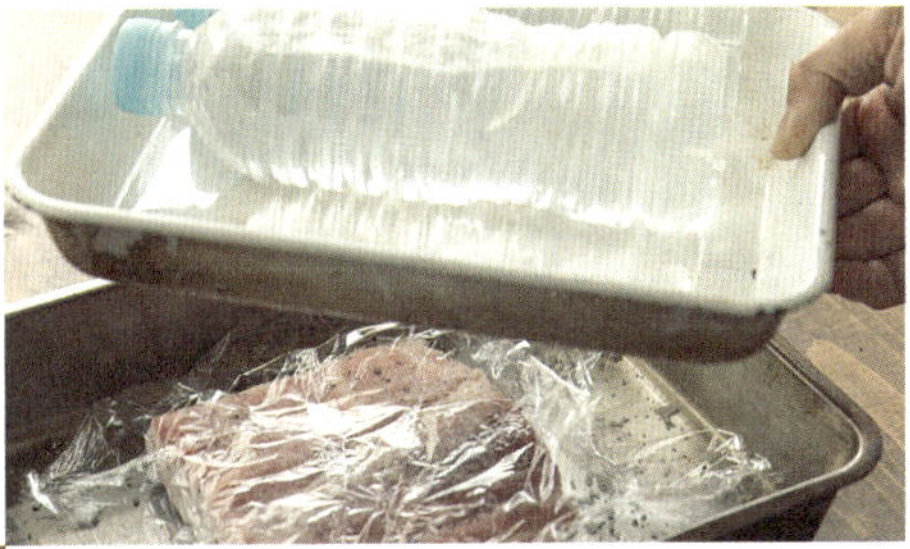

重石を使って水分を出す

ベーコンやジャーキーは、なるべく肉から水分を取り除いてから燻したい。大きな肉の場合は、塩、こしょうをしてから時間をおくときに重石をしてから冷蔵庫へ。重石はペットボトルでも缶詰でも皿でも、なんでもいい。肉の水分を抜くと味が凝縮し、旨みが増すともいわれている。

乾燥具合は触って確かめる

液体に漬けて味をつけたり、下ごしらえで水洗いしたときには、特にしっかり乾燥させたい。汁けをきってから網にのせて、ラップをかけずに冷蔵庫に入れる。寒い時期なら屋外で吊るして風にさらしてもいい。例えばにじますなら表面に触れてみてカサカサするくらいまで乾かそう。

男前燻製のきほん

燻し方のコツ

実践編 2

いよいよ燻製づくりのメイン工程。けっして難しい作業ではないので、いくつかのコツさえつかめば、はじめてでもうまくいくはず。煙が出るが、キッチンの換気扇を回せば、部屋中モクモクということもないので安心を。まずは男前度★の加工品を使った簡単なレシピからはじめてみよう。

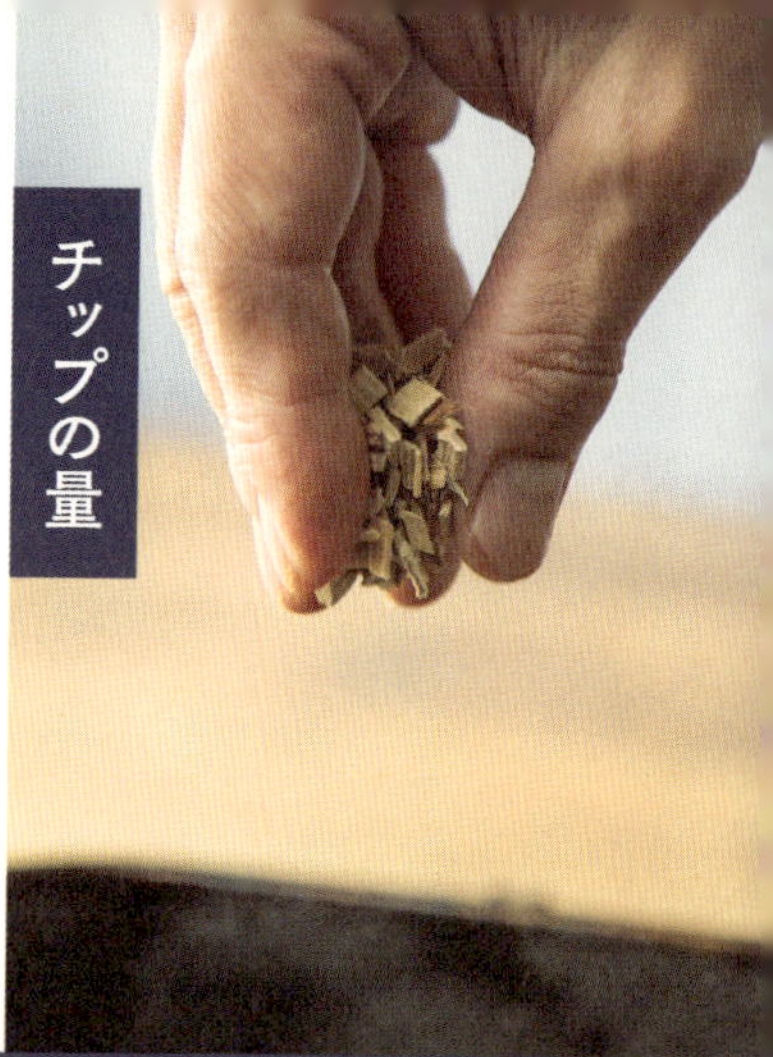

チップの量

スモーカーに入れるチップの量の1回分は、5本の指でひとつまみ。男前燻製のレシピなら、これで十分足りるはず。スモーカーのタイプによっては、チップが燃えるのが速いこともあるので、まずは一度試してみて足りないようなら、次回から少し増やすといい。

火かげんのコツ

熱燻、温燻、冷燻と温度の違いがあり、難しそうに感じるが、強火で煙を出したあと、中火で燻す温燻を基本に、熱燻なら、もう少し火を強く、半生仕上げを目指すなら、もう少し火を弱くして、火のとおり具合で時間をかげんする。冷燻に限っては、コンロにかけずにスモークウッドを使う。

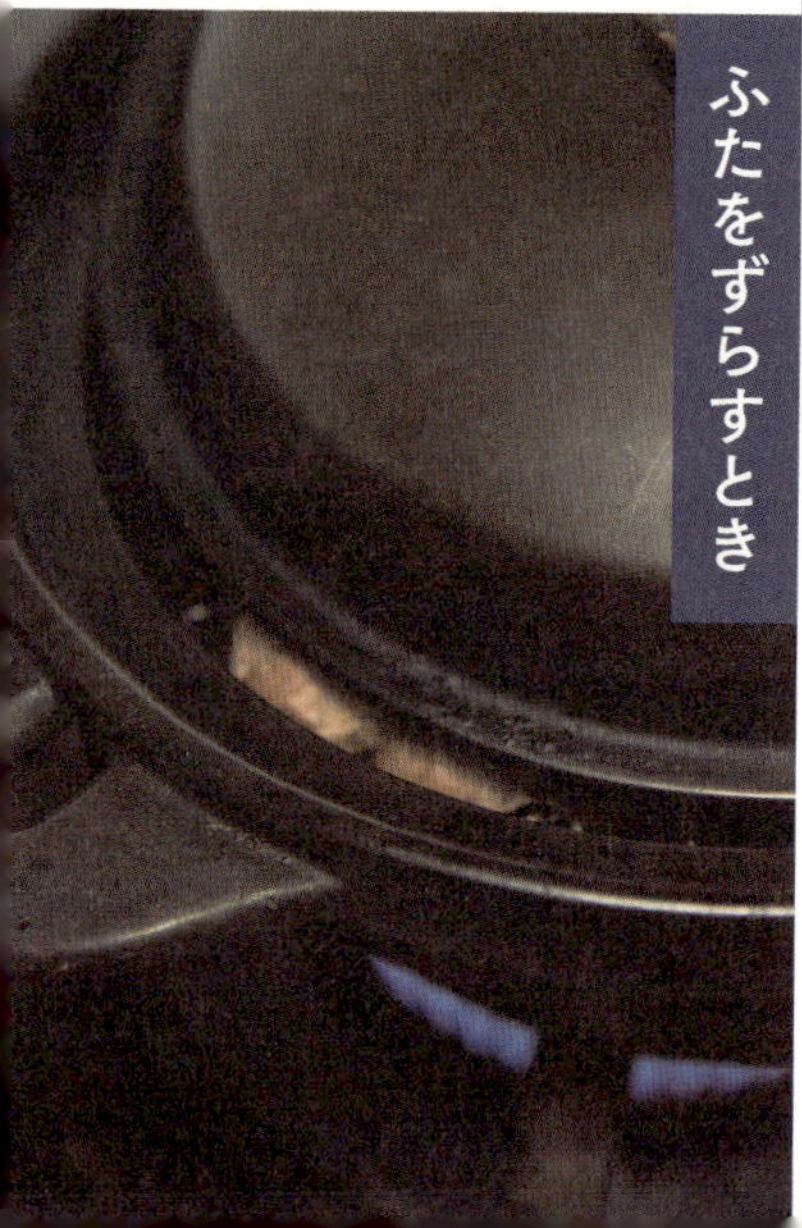

ふたをずらすとき

パリッと仕上げたいスナック類や、低温で調理して半生仕上げにしたいときは、ふたをずらして湿気や熱を逃すといい。あまり密閉性の高くないスモーカーだと、肝心の煙まで逃げてしまうこともあるので、仕上がりの様子を見ながら、ちょうどいい加減をみつけよう。

ふたはこまめに洗う

続けて燻製をつくっていると、ふたにタールが付着する。冷めると固まるが熱すると溶け出す。食材にたれてしまうと味が悪くなるので、タールがたまる前に洗って取り除く。網は1回ごとに洗い、本体は黒くなるのを気にしないなら、しょっちゅう洗わなくてもいい。

男前燻製のきほん

失敗したら

実践編 3

味つけは別として、燻製づくりで起こりやすい失敗は、火かげんの失敗か下ごしらえ（特に乾燥）の不足がほとんど。はじめのうちはスモーカーの特徴やコンロの相性もわからないので、失敗しても当たり前と気楽に構えよう。繰り返していくうち、ピタッとくるつくり方が見つかるはずだ。

えぐみがひどい

食材の水分が多いとえぐみが出やすい。まずは燻す前にふく、必要に応じて時間をおいて乾かすこと。水分の多い食材では燻し時間を短くする。えぐみが出てしまっても時間をおくと落ち着くので、一晩おいてみる、オイル漬けにしてもえぐみを取り除ける。

仕上がりが酸っぱい

こちらも水分が多いとき、また煙がかかりすぎても酸っぱい仕上がりになるので、水けをふく、乾燥をしっかり行う。また結露が起こらないよう、食材は常温に戻してから燻すこと。強火で燻す熱燻で加熱時間が長い、チップと食材の距離が近すぎるときなどは、煙がかかりすぎてしまうので注意！

焦げくさい味がする

焦げるのは熱量が高すぎるのが原因なので、火を弱くするほか、食材と火の距離を離す、アルミ箔やとろ火マットをはさむなどして、熱量を下げる工夫をしよう。

食材に水滴が！

ちょっと気になってふたを開けてみたら、ゆで卵が汗をかいている！　ゆで卵やチーズ、練り物など気軽にできる燻製ほど、つい冷蔵庫から出してすぐ、スモーカーに入れてしまいがち。すると燻している最中に結露が起こりえぐみや酸味を招く。必ずマズくなるわけではないが、常温に戻すこと、キッチンペーパーでふくことは、燻製前の習慣としたい。

ハムがパサパサ

燻す工程かゆでる工程の加熱しすぎが原因。これでは残念ながら、ハムというより塩気の強い焼き豚かゆで豚だ。燻すのは香りをつけるだけの短時間に、ゆでるときには湯の温度が80℃を超えないように（できれば70℃をキープ）温度管理を行おう。ハムに限らず、肉は加熱しすぎると固くパサパサになる。失敗作でも、ゆで塩豚としておいしく食べられる。

ハムの中心が生っぽい

こちらは加熱不足。レシピのサイズの肉なら70～80℃の湯で1時間もかけてゆでれば火はとおるはず。温度計で肉の中心温度を計りながらゆでれば、加熱のしすぎ、不足の心配は減る（目安は、中心温度63℃で30分）。

失敗作のリカバリー方法

・生っぽい
再加熱。グリル、ボイル、電子レンジなど。小さく切ってチャーハンやパスタの具に。

・えぐみ　・酸味
味つけをしていない肉や野菜と合わせて炒めるなど。味の濃い料理に使うとえぐみが気になりにくい。

・塩が強い
スープやポトフなどに入れる。細かく刻んでほかの具材とマヨネーズやドレッシングであえるなど。

・焦げた　・溶けた
焦げをできるだけ取り除き、細かく切って味の濃い素材と炒める…溶けたチーズはパンに塗ればOK。

おわりに

この本を手にしたあなたへ

今回は男前レシピと題して極力シンプルな燻製レシピを紹介しました。

簡単で潔いレシピをみて、燻製をはじめる人が増えてくれればと思う。

つくってみたら、なんだかモノ足りなく感じるかもしれない。

そのときは、どんどんあなたの個性を足して自分好みの味をつくってください。

それが一番楽しい作業です。

この本で、あなたの燻製ライフがよりいいものになりますように。

Asuke

INDEX

OTOKOMAE SMOKE COOKING RECIPES
BY BASE CAMP A-SUKE

著者プロフィール

岡野永佑（おかの えいすけ）

東京・水道橋のアウトドアカフェ・バーBASE CAMPオーナー＆料理人。ブッシュクラフト的な焚き火料理やダッチオーブン料理、燻製など男前な料理を得意とする。BASE CAMPでは、毎日5種程度の燻製料理を用意しているほどスモークに精通。フライフィッシング、ハンティング、キノコ狩りや山菜採りなど、アウトドアと食を結ぶ遊びを得意とする。BASE CAMPにて食事をしながら毛ばりを巻ける「毛ばりカフェ」、不便を楽しむキャンプ企画「男前キャンプ」を開催するほか、各地のキャンプイベントにも出没する。愛称A-suke（エースケ）。
https://www.cafe-basecamp.com/

料理：岡野永佑

写真：新居明子

アートディレクション
デザイン
イラスト：吉池康二（アトズ）

編集：稲葉 豊（山と溪谷社）
たむらけいこ

校正：鳥光信子

協力：新富士バーナー
スノーピーク

THE男前燻製レシピ77

2017年12月1日 初版第1刷発行
2021年 2月1日 初版第7刷発行

著者 岡野永佑

発行人 川崎深雪

発行所 株式会社 山と溪谷社
〒101-0051
東京都千代田区神田神保町1丁目105番地
https://www.yamakei.co.jp/

- 乱丁・落丁のお問合せ先
山と溪谷社自動応答サービス
TEL. 03-6837-5018
受付時間／10:00-12:00、13:00-17:30（土日、祝日を除く）

- 内容に関するお問合せ先
山と溪谷社
TEL. 03-6744-1900（代表）

- 書店・取次様からのお問合せ先
山と溪谷社受注センター
TEL. 03-6744-1919　FAX. 03-6744-1927

印刷・製本　株式会社光邦

＊定価はカバーに表示してあります
＊落丁・乱丁本は送料小社負担でお取り替えいたします
＊禁無断複写・転載

Printed in Japan ISBN978-4-635-45025-6